U0802143

周蓓 主編

『民國專題史』叢書

董之學 著

河南人民出版社

各國民權運動史

敘述各國民權運動的興起、經過及其與革命和政治之間的關係，認爲商業與工業是推進民權運動的兩大勢力

圖書在版編目(CIP)數據

各國民權運動史 / 董之學著. —鄭州 : 河南人民出版社, 2016. 4(2017. 1 重印)
(民國專題史叢書 / 周蓓主編)
ISBN 978-7-215-10081-7

Ⅰ. ①各… Ⅱ. ①董… Ⅲ. ①民權運動-歷史-世界 Ⅳ. ①D59

中國版本圖書館 CIP 數據核字(2016)第 079785 號

河南人民出版社出版發行
(地址 : 鄭州市經五路 66 號　郵政編碼 : 450002　電話 : 65788063)
新華書店經銷　河南新華印刷集團有限公司印刷
開本 710 毫米×1000 毫米　1/16　印張 8
字數 120 千字
2016 年 4 月第 1 版　2017 年 1 月第 3 次印刷

定價 : 50.00 圓

出版前言

中國現代學術體系是在晚清西學東漸的大潮中逐步形成的。至民國初建，中央政治權威進一步分散和削弱，加之新文化運動帶給國人思想上的空前解放，新學的啓蒙，新知識分子的産生，民國學術如草長鶯飛，進入一個自由而蓬勃的時代。中國傳統學科乃中國學術之根基與菁華所在，民國學人采用『取今復古，別立新宗』之方法，引入西方的學術觀念，積極改造，使史學、文學等學科向現代學術方向轉型。此外，大力推介西方社會科學的新學科和自然科學，在學習、借鑒乃至移植西方現代學術話語和研究範式的過程中，逐漸建立中國現代學科，使中國的學科門類迅速擴展。一時間，新舊更迭，中西交流，百花齊放，萬壑争流，開創了中國現代學術的源頭。

伴隨知識轉型和研究範式轉换而來的，還有學術著作撰寫方式的創新。中國古代的著作向來以單篇流傳，經後人整理匯編後，方以成册成集的面目出現并持續傳播。直到十九世紀末，東西方的歷史編撰體裁不外乎多卷本的編年體、紀傳體和紀事本末體等，章節體的出現標志着近代西方學術規範的産生和新史學的興起。章節體具有依時間順序，按章節編排；因事立題，分篇綜論；既分門别類，又綜合通貫的特點。以章、節搭建起論述之框架，結構分明，邏輯清晰，較傳統的撰寫體裁容量大、系統性强。它的傳入，使中國現代學術體系從内容到形式被納入了全球化的軌道。民國時期專題史的研究、譯介、編纂、出版恰恰是在這樣的背景下欣欣而發，是學術的實驗場，也是歷史的記録儀。編選『民國專題史』叢書的初衷正是爲了從一個側面展示中國學術從傳統向現代過渡的歷史進程。

專題史是對一個學科歷史的總結，是學科入門的必備和學科研究的基礎，也是對一個時代艱深新鋭問題的解答，是學術研究的高點。民國專題史著作中，既包含通論某一學科全部或一時代（區域、國别）的變化過程的，又囊括對一時代或一問題作特殊研究的，還有少部分是對某一專題的史料進行收集的。原創與翻譯并重，翻譯的底本大多選擇該學科的代表著作或歐美大學普及教本，兼顧權威性和流行性，其中日本學者的論著占據了相當比重。日本與中國同屬東亞儒家文化圈，他們在接納西方學術思想和研究模式時，已作了某種消化與調適，從思維轉換的角度看，更便于中國借鑒和利用，他們的著作因而被時人廣泛引進。

與當代學術研究日趨專業化、專門化、專家化的『窄化』道路迥乎不同的是，中國傳統學術崇尚『學問主通不主專，貴通人不尚專家』的通識型治學門徑，處于過渡轉型期的民國學術在不同程度上保留了這種特徵。民國學術大師諸學科貫通一脉、上千年縱横捭闔之功力自不待冗言，外交家著倫理政治史、文學家著哲學史、化學家著戰争史等亦不乏其人，民國專題史研究呈現出開放、融通、跨界撰述的特點。與此同時必須看到，自晚清以來，中國的命運就在外侮屢犯、內亂頻仍的窘境中跌宕彷徨，民族存亡仿若命懸一綫。這股以創建學科、總結經驗、解決問題爲指歸的專題史出版風潮背後，包裹着民國學人企望以西學爲工具拯民族于衰微的探索精神，及以學術救亡的愛國之心。梁任公曾言：『史學者，學問之最博大而最切要者也，國民之明鏡也，愛國心之源泉也。』這種位卑未敢忘憂國的歷史使命感和國民意識是今人無法漠視和遺忘的。

『民國專題史』叢書收録的範圍包括現代各個學科，不僅限于人文社會科學，學科分類以《民國總書目》的分科爲標準，計有哲學、宗教、社會、政治、法律、軍事、經濟、文化、藝術、教育、語言文字、中國文學、外國文學、中國歷史、西方史、自然科學、醫學、工業、交通共19個學科門類。本叢書分輯整理出版，内不分科，單本發行，方便讀者按需索驥。既可作爲大專院校圖書館、學術研究機構館藏之必備資源，也可滿足個人研讀或興趣之收藏。

與目前市場已有的一些專題史叢書相比，『民國專題史』叢書具有規模大、學科全、選本精、原版影印的特點。本叢書選目首重作者的首創、權威和著作影響力，尤其注重選本的稀見性。所謂稀見，即建國後没有再版，且多數圖書館没有收藏，或即便有收藏，也是歸于非公開的珍本之列予以保存，普通讀者難以借閲。部分圖書雖有電子版，但作爲學術研究的經典原著讀本，紙質版本更利于記憶和研究之用。本叢書精揀版本最早、品相最佳的原版圖書作爲底本，因而還具有很高的版本收藏價值。

『民國專題史』的著作是民國學者對于那個時代諸問題之探究，往往有獨到之處，無論其資料、觀點短長得失如何，要之在中國現代學術史的構建與發展進程中，自有其開宗立論之地位。

各國民權運動史

目錄

各國民權運動史

第一章 導言

今之言民權運動者，對於其意義，不加分析，不加詮釋，遂使一般讀者，不能明瞭民權運動之內容。竊以爲民權運動，至少含有兩義，一屬於政治組織，一爲私人權利。前者相當於英語之德莫克拉西（democracy），卽雅里斯多德所謂多人之統治是也。在此政體下，多數人民，享有統治權，實行參加政治。後者適合於私人權利，爲個人抵制政府橫暴之武器。此二者之目的，均在反抗壓迫，但其作用，則各有不同。德莫克拉西（democracy），在反抗君主專制，將全國統治權，由君主手中轉移於多數人民，使人民不再爲暴政所侵凌。然自政治歷史觀之，暴政之發生，不僅限於君主專制國家，卽在民主政體下，亦往往有之，卽所謂多數專橫是也。因此，民權運動，不僅在推倒專制，建立民治，而且須經由憲法或普通法律，給予私人以種種權利，俾得於法律上抵抗政府之非法蹂躪。

自法律言之，一切國家不問其爲君主或民主皆含有強迫性質，此爲歐洲大陸學者所公認，而美國學者，則諱言強迫，蓋以其與自由衝突故也，但對於國家行使公權保護人民生命財產所必需之種種手段，則亦不持反對論調，是其對於國家之強迫性，亦已默認矣。

國家既爲強制機關，則受其強制之個人，應有自衛之權利，以防止執行機關或官吏之越權與非法行爲，否則其生命、自由、與財產將失其保障。以故民主國家之憲法，除確定政體爲民主外，又復規定人民之權利若干則，以保障人民之生命、自由、財產，如美國憲法。簡言之，民主政體，其作用在消滅君主與寡人之獨裁，而私人權利，則在預防民主國家機關之蹂躪，務使個人之生命、自由、財產，不致受非法之剝蝕。

民權運動，雖含以上兩種不同之意義，但其方向與對象，彌復相同，蓋兩者均反對專橫故也。要求民權者，同時須要求民主政體，以確立人民之統治權，使人民參加實際政治，然後民權乃得有比較可靠之保障。要求民治者，又復要求人權，然後其生命財產，乃得不受非法之侵蝕。因此，民治與民權，實如輔車之相依，而不可分離。事實上，亦未有作分開之運動者也。

民權運動，就其歷史而觀之，有左之特點，分述於次。

英儒蒲來思（James Bryce）有言曰：「民權運動之初步，非起於任何主義（如人民有統治權），而唯有感覺消滅特殊階級之非法壓迫之必要。」換言之，民權運動，爲應付實際問題之動作，爲反抗君主壓迫摧殘人權之動作，初未嘗涉及理論也；迨此動作進至相當程度或完全成功，乃創出種種理論以擁護之。盧梭之主權在民說，美國獨立宣言，卽其例也。

普通言之，先事實而後理論，其民權運動之特徵乎？唯其以事實爲出發點，故民權運動之經過與結果，在各國各有不同。每一運動，均適合於當地情形，反之，則由運動所產生之政治組織，必不能運用靈活而漸就衰萎，終至滅亡。英國憲法，捨大憲章（Magna Carta）與權利規定（Bill of Rights）外，皆爲不成文法之習慣。於此可見民權運動祇重實際，不重理想，尤爲顯著。蒲來思主張此說尤力。就歷史言，亦唯基於此類運動之民主政體，得以久存。此應注意者一。

就歷史觀之，商業與工業，實爲推進民權運動之兩大勢力。茲分述於次：

英國在十三世紀時，商業勃興，一般市民，遂乘機崛起，攫取財富，而成爲富豪焉。若輩對於政治，遂取積極態度。同時政府以其握有財權，足爲財政上之援助，亦樂與在政治上合作。結果，以前不能參與政治之市民，遂能以富有資格加入英國國會矣。

其次，工業之發展，工廠制度之盛行，亦爲推進民權運動之原動力。此蓋由於工業集中，工廠擴大，而工人之數目亦隨之加大，其組織上之團結，亦同時加強，其對政治之態度，亦由消極變爲積極。一九一四年前，德國工人之數目，爲一千五百萬，有組織者一千二百萬，散布於產業中者三百萬。其勢力之強大，至堪驚人。素以仇視民權運動著名之德國專制政府，亦受其威嚇，而不得不向其領袖作種種之讓步，如一九一五年德皇任命夏德曼（Dr. Scheidemann）爲閣員等。按夏氏爲當時德國社會民主黨之領袖。現今德國社會民主黨，勢力頗爲雄厚，在國會中佔一百五十餘席，爲德國最大之政黨。其政綱未必足以代表全體工人之要求，但工人在政治上之威力，業爲一般人所承認矣。

自命代表工人利益之英國工黨，亦於一九二九年五月總選舉中取得極大之勝利，得票八百餘萬舉出議員二百八十餘名，成立以前未有之新紀錄。工黨雖未必為全體工人之總結合，但工人勢力之蒸蒸日上睥睨一切，已可概見矣。在現今民治國家中，此新勢力（即工人）之突起，足以使民治範圍愈加擴大，而參入政府實際工作之人員亦同時加多。至於為世界資本主義各國所痛恨之蘇聯，則自稱為工人國家，由無產階級專政，實行以階級戰爭，消滅其他之階級，以期人類之絕對平等。而領導蘇聯無產階級之布爾塞維克黨，不以專政自居，而唯以其主張灌輸於蘇維埃政府，徵其同意，促其實施，與尋常所謂黨治不同。吾敢斷言今後之民權運動，必在擴大參加政治之範圍（如擴大選舉權），與多數人民參加實際統治（如製定政府之政綱），而其結果或至回復原始時代之民主政治（如直接立法）。此應注意者二。

此外尚有一點，為吾人所應當注意者，厥為法西斯蒂主義（Fascism）之興起與蔓延。此主義創始於一九二二年之意大利，以莫索里尼（Mussolini）為渠魁。其目的在以暴力摧毀民主政體與私人權利，而將統治大權集中於一人之手，即所謂狄克推多是也。意大利狄克推多政府成立後，頗能維持秩序，制止一切紛亂。於是接踵而模傚之者，有西班牙、波蘭、埃及、南斯拉夫（Yugoslavia）

等國，現猶繼續存在（埃及、西班牙除外），且有蔓延之勢，如德奧等國。同時，戰後新興國家如捷克（Czechoslovakia）、芬蘭、及波羅的海沿岸諸國，對於政府之組織，多取法於英國十九世紀之自由主義，而於理論方面，則以法國盧梭主權在民之說爲圭臬。同時又施行普選、比例代議、職業代議，以求代表民意之確切，適與法西斯蒂相反。現今法西斯蒂組織，遍於全球，爲民權運動之大障礙。

近十餘年來，民權運動，又頗注重於經濟問題。歐洲新憲法中，對於經濟問題，亦有相當規定。例於德國憲法，對於保護勞工、工人保險、工業社會化、私有財產及其他關於經濟幸福等，皆載有專條。且設置工人會議，以解決勞資糾紛，又成立經濟會議，以研究經濟問題，以備政府之諮詢。但在實際上，經濟會議之實權，幾等於零。其他各國如波蘭、南斯拉夫、芬蘭，亦皆於其憲法中，規定種種經濟問題之解決。於此可見政治革命，亦已漸漸轉入經濟範圍矣。此又應當注意者也。

在今日先進民主國家中，民治範圍，似已擴大，民權保障，似已穩固，因此民權運動，似已達於極峯，無再繼續之必要。其實不然。蓋因一方面選舉權尚未普及，如法（女子尚無選舉權）英（女子參政權尚受限制），他方面參加政府中之政治工作者，尚屬少數中之少數。若欲根本剷除政治上之專橫，則當使大多數人，甚至全民，不但享有統治權，並須參入統治中之實際工作。此種計劃，似系近於理想，不能實現。但若吾人能改變現存經濟制度，使人人享有經濟上之充裕，不致每日孜孜專爲衣食所困逼，則大多數人參加實際政治工作，亦非不可能之事。以故在先進民主國家中，民權運動，猶須前進，實際上亦正在前進。至於殖民地之民權運動，方在發軔時期，其應猛勇向前，自無待言。

民權運動，不僅爲建設民治，且須確立人權，前已言之。人權有兩種，曰公權，曰私權。私權者，個人對個人之權利也，如每一個人不能侵害其他個人之生命財產等。公權者，個人對政府之權利也。政府對於享有公權之個人，非經正當之法律手續(due process of law)，不能剝奪其自由與財產，更不能危害其生命。換言之，私權爲抵制其他個人之保障，而公權則在阻止政府之非法蹂躪。下文所論，指公權，非私權也。

據英美學者之意見，個人應享有左之權利：

(甲)法律權(right to law)

無論何人，不問其爲官吏或平民，必須遵守法律，卽皇帝自身，亦不能高出法律之上。此在英國大憲章中即已明白規定者也。假如皇帝、官吏、軍官或警察，有違法行爲時，可以法律裁判之，此爲人民要求執行法律之權利。此類權利，不僅可以防止其他個人之侵害，並可以保護最卑微之人民，不受最強者之侵陵，可以保護少數反對多數，個人反對政府。職是之故，一切政府官吏，不問高至如何程度，皆不能超出法律之上。而在歐洲大陸諸國，官吏佔有特殊地位，以致人民與官吏，在法律上仍不能平等。狡黠者流，乃得假託官威，欺壓平民，甚至欺壓官吏。

（乙）生命權 (right to life)

凡在最文明之國家，人人皆享有生存之權利。政府對於人民之生命，不特應加以保護，而且不得任意傷害。英國大憲章，對於此種權利，亦有相當之保障。唯在野蠻國家，人民生命，可以任意誅戮，動輒以數千計，其不承認人民有生存之權利，昭昭然矣。

（丙）自由權 (right to liberty)

享有自由權之人民，在尋常不受拘禁，即使受拘捕，亦可請求宣佈拘捕之理由，或要求開釋或保釋。此指英美而言，至在歐洲大陸諸國，如德法等國，則無此類之自由權。法人德人，或不許其他個人剝奪其自由，但若被政府拘捕，則唯俯首聽命而已。

美國人民，享有憲法上之遷徙自由，出國回國之自由，不受流徙之自由。無論犯何罪惡，不得科以流徙之罰。凡在英國制度下之人民，不受法院強作何事之命令，而唯對於自身之行為，靜候法律之解決。當事人若應負賠償之責，則即行賠償，若應受監禁之處罰，則亦俯首聽命。但若法院捨此種種而不為，而必欲強其作某事，則當事人有不受此種法令之自由。此外又有選擇職業之自由。英美人民，對於職業之選擇，與謀生之方法，享有完全之自由，政府或個人，均不得加以干涉。英國大憲章，亦有此種自由之規定。在現今經濟發展之時代，擇業、作工之自由，更屬重要。封建時代之行會，或稱基爾特(gild)，行規極嚴，個人無作工之自由，此惡習已隨經濟之進步而消滅矣。此外尚有信教自由、言論出版自由、結社集會自由等。

(丁)財產權(right to property)

財產權與自由權同具極老之資格。事實上，財產權或由自由權所產生，蓋享有自由者，若不能取得財產權，則其自由亦無價值矣。在盎格魯撒克遜時代，財產權業已受一般人之承認，與現代相同，其不同者端在土地之公有但公有土地，非普遍現象，僅限於一部分而已。就財產權而言，不動產似在動產之先其理由端在古時動產，爲數不多，除戈矛服物外，僅有茅屋畜類而已。在大憲章許久以前，即有許多法典，公然承認財產權。大憲章亦承認不動產權與動產權。

在英國憲法下，關於財產之原則，計有三種。第一，人民非經由立法院代爲表示其許可，則可不納稅。換言之，英王不能單獨征稅，除非以國會之法令行之。第二，一切稅收，必須用爲一般人謀幸福，不得專爲一人（如皇帝）或一階級（如貴族、商人）謀利益。第三，私人財產非有充分賠償，不得收歸公用或受損害。美國憲法，並規定賠償之數目，須由陪審員決定，於收用財產之前，即行付清。

（戊）平等權 (right to equality)

一七七六年，美國獨立宣言，謂人類生而平等。法國一七九一年人權宣言，一稱『人類關於權利一項生而平等並繼續平等』。此殆指法律上之平等而言也。單就法律平等言，在英美與歐洲大陸，似又有不同之點。英美法律，對於平民與官吏，同以一種法律制裁之，無分軒輊；而大陸諸國，則以官吏佔有特殊地位，不受普通法律之制裁。官吏犯罪，普通法院不能受理，而唯取決於行政裁判所。

因此，英美學者恆謂大陸人民受制於官吏任其宰割，無充分之自由可言。晚近各國人民，除對於政治平等外，又復要求經濟上之平等，其爭執至爲激烈，此又平等權中之別開生面者也。

(己)罷工權 (right to strike)

最後，尙有工人所要求自由罷工之權利。此種要求，亦隨工業之進化而發展，尤以在英國爭持爲最烈。工人爲出賣勞力者，廠主爲收買勞力者；廠主握有生產工具，足以挾持工人，而可以任意低昂工資，但工人則僅僅握有勞力，不能單獨生產，必須仰賴於廠主，其所恃以要挾廠主者，厥爲罷工之權利。因此，工人對於罷工權，不惜重大犧牲，作種種激烈運動，以要求政府之承認。而僱主亦極力反抗，現猶在爭持中。

一九二八年，英國國會，徇保守黨之主張，通過工業和平法(The Industrial Peace Act)，禁止工人罷工，並禁止同情罷工。工黨議員，全體反對，誓於組閣後卽予取消。今工黨執政，已踰半載，猶未見立予取消之提議。總之，罷工權利，已成爲全世界工人之普遍要求，而允准其要求者，就余所知，似僅墨西哥一國而已。

第二章　英國民權運動史

英美人自詡爲自由之大本營（home of liberty），其然豈其然乎？就歷史言英人在諾耳曼征服以前，即享受自由之幸福。諾耳曼雖克服英國，但不能改變其自由法律（free laws）。事實上，每經一次壓迫，此種法律，不但未受破壞，而且較前愈加穩固，每一諾耳曼皇帝，必須加以承認；直至「英國革命」時爲止，國王始拋棄其超越法律之一切企圖。英人所以能享有自由法律者，蓋由於一切法律，咸由人民躬自製定。盎格魯撒克遜時代，有所謂地方會議（witenagemot）者，爲人民自身立法之機關，凡屬自由人（彼時尙有半自由人與奴隸），皆得赴會參與立法。據史乘所載，在諾耳曼征服英國一百年前，沙利思布勒平原（Salisbury Plain）曾舉行地方會議一次，出席者達六萬人。此之謂直接立法。現今美國各邦，亦有倣行者，如創製權複決權是。但地方會議，不僅爲立法機關，而且兼管司法與行政，緣彼時無分權之觀念，而且事務單簡，無分工之必要。彼時立法，與其謂之爲製定法律，毋寧稱之宣布法律。宣布法律者，即宣布現存習慣爲法律之謂也。古時重習慣，其效力甚或大於法律，惟習慣甚單簡，甚至含糊不清，極易引起爭議，以故須經會議之解釋與確定，方得具有法律上之效力，而國王則極萎弱，無異徒擁虛位，遂無作威作福、壓迫人民之能力。以此人民能度其自由之生活。

一 十三世紀之革命

英國人民，在盎格魯撒克遜時代，既享有自治之權利，不受皇帝壓迫，已如上述。但自一〇六六年維廉第一克服英國後，英人自由，即屢次受皇帝干涉，緣諾耳曼爲專制國家，一切大權，均操於君上之手。人民方面，亦未曾享受盎格魯撒克遜人之自由。維廉第一入主英國後，即逐漸將其故鄉之專制政體，移植於英國，以造成諾耳曼式之個人專制政體，與習慣於自由之英國人，發生直接衝突，引起英人之反抗。

諾耳曼皇帝，所以能建立其專制政體者，實有其物質上之基礎。第一，皇帝之軍事力量，大於反對派之聯合勢力而養成其軍事上之優勢者，又有兩要素。（一）皇帝私有土地，頗爲豐富，比任何諸侯所有者爲多，故其收入，亦爲各諸侯所不及。而皇帝乃得蓄養武士，作軍事上之準備。（二）皇帝可向自由人征收普通稅，稱曰 fyrd，可爲準備軍事之用。第二，英國諸侯，因封建制度之特殊關係，不易成爲獨立國家，而在歐洲大陸各諸侯可於其轄境內保持其行政上與司法上之獨立。英國地方行政與司法，均受中央之節制，因此國王得易於駕馭各地方專制政體，遂易成立。

諾耳曼專制政體，逐步加強，至約翰時代，可謂達於極點。其權力之無限制與不可搖動，爲夏勒曼 (Charlemagne) 死後六百年來所未見。英國諸侯與教會聯合反抗，均不能取勝。一二一四年七月二十七日，約翰爲法王腓力敗於布汾 (Bourinos)，九月與法王媾和，十月返國，仍欲維持其權威，並欲籌借軍費以作英法戰爭之開支。諸侯方面已結成一同盟團體，準備抵抗。約翰陽與周旋，陰謀以武力對付。諸侯聞悉，遂稱兵作亂。一二一五年五月十七日，佔領倫敦。約翰迫於城下之盟，對於諸侯要求，悉行承認，即所謂大憲章是也。此係一二一五年六月十五日事。

大憲章一共六十三條，皆係剷除暴政，保護人權。其中重要條文，如「每一自由人，非經由貴族

(peers)判決或國法,不受拘捕或監禁或誅戮或被剝奪財產或屏諸法外或流徙,』『一非經大會議(Great Council)之許可,不得另征租稅或補助金,』皆係當時流行習慣,爲約翰所摧毀。在封建時代,君主與臣民關係,臣下與人民關係,不問其屬於政治或經濟,皆以契約爲基礎。雙方對於契約,毋得違反,否則彼此可以脫離解約。君主不遵守契約,臣下可以諫阻,諫阻不聽,可以反叛,不構成叛逆之罪,因爲習慣所許可故也。國王征稅,須先得許可,此純係封建性質之契約關係,竟成爲後代憲法上之一大原則。簡言之,大憲章之內容,純係當時封建關係,毫無新法律雜入其中。

然則自憲法之觀點言之,英國大憲章,竟毫無貢獻乎?曰,否。大憲章昭示吾人者,約有二事。一曰尊崇法律。一國之中,有若干法律,爲政治組織之基礎,雖國王與政府,皆必須遵守。一曰執行民權。假如政府對於此種法律拒絕遵守,則全國人民,可強其服從法律,如猶不從,則可以另一政府代替之。此兩原則,爲英國憲法之基礎。因此,大憲章運動,雖係諸侯與國王之爭,似與普通人民無關係,但其結果,則適以開『發揚民治』與『擁護人權』之端倪,堪稱爲民權運動最初之起點。觀於美國獨立宣言與大憲章同基於一原則,尤證余言之不謬(可參看 G. B. Adams, Constitutional

History of England, 1921, p. 139)。

二　國會之興起

英王雖承認大憲章，仍無遵守之誠意，專制淫威，仍未稍減。繼其後者，亦復如是，以故一二六四年又有諸侯領袖蒙弗特 (Simon de Montfort) 之革命。此後反對國王之鬥爭，則以較有組織之會議為機關，為之主持。此種會議機關，實為國會之濫觴。

英國國會之起源，約在諾耳曼征服英國以前。其時有一諮詢機關，為僧侶貴族所組織，專備諮詢，論者或即指為國會之始基。諾耳曼克服英國後，又復有一相同之機關，由國王之重臣（包括民事與宗教兩種）所組織而成，稱曰大會議。大會議有反對不公平課稅之權利，已為大憲章所承認。嗣後其權能日見擴大。一二五八年，牛津條文 (Provisions of Oxford) 又規定『十二忠實人』以代表平民，辦理國王之需要，平民對於此等人之行為，應認為有效。

英國下議院，始於十三世紀。一二五四年，國王召集於國會者，不僅有僧侶諸侯，而且兼有每郡所派之武士二人。一二六四年，蒙弗特糾合諸侯，與國王宣戰，國王敗。翌年，蒙氏召集一非驢非馬之國會，每一城市得派遣市民二人出席，以磋商保護其自由之方案，但能派遣市民之城市，爲數僅二十有一。以後英國之下議院，卽由此種武士與市民組合而成。在以後之三十年中，亦有同樣機關之集合。一二九五年，愛得華第一又召集一模範國會，由大僧正、僧正、僧侶、諸侯、武士、公民組織而成。每郡可派武士兩人；每特殊城市得派公民二人。列席人數，約有四百。僧侶、貴族、平民，各有其開會處所，如法國之三階級（estates）。然在十四世紀初，低級僧侶退出會議，高級僧侶與貴族，乃溶合而成爲貴族院。他方面武士與市民，合組下議院，或稱平民院。其後國會遂成爲兩院制，包括下議院與貴族院。

其時國會之主管職務，在備國王之顧問，在核准國王對於補助金或直接稅之請求。嗣後國會逐漸強硬，竟拒絕核准。拒絕核准之權，亦爲法律所承認。厥後中流階級所納之稅，超過僧侶與貴族所納之數目，於是財政議案，須首先提出於下議院，由貴族院批准，由國王簽名。在十五世紀時，此種立法手續，已成爲習慣矣。

以理論言，立法為國王之特權，但國會極力利用其財政管理權，以求取得立法上之創製權。一二二五年，國會以拒絕補助金為威嚇，脅迫亨利第八重新承認大憲章。以後國會沿用同樣方法，以「稟請」（petition）方式，威脅國王允准其請求，著為法律。在十五世紀時，稟請式之立法，已為議案式之立法所代替。所謂議案式之立法者，即於國會中提出法律草案，經下議院貴族院國王之同意，即成為法規。

國會有時要求國帑用途之說明，要求罷免國王之官吏，要求國王放棄人民所不歡迎之政策，及干涉其他行政事務。但國會雖採斷然手段，以行使此種種權利，然亦有時不能維持其權威。

就上文觀之，國會之大權，在管理財政。及至徒多爾（Tudors）朝，國王處理財政事務，竟脫離國會而獨立亘百餘年。其所以臻此境地者，由於國王之力行儉約，不濫收稅，沒收宗教財產，以及採取其他種種不規則方法。國會雖仍開會，但無定期。在伊利沙柏（Elizabeth）時，每年平均僅開會三四星期而已。關於國家重要事務，國會無存見，多半以國王意旨為主體。

英國專制政體，在徒多爾朝，可謂炙手可熱。自一四八五年亨利第八即位，至一六○三年伊利沙柏女王逝世，專制政體日見強固。國王不依賴國會，而唯受全國之擁戴。在工業商業範圍內，國王威權，無敢與抗。其時行會頗爲猖獗，但對於國王之取締，如行會頒行規則，須得皇家官吏之許可，行會財產受沒收，亦惟唯唯聽命。國王對於商業，亦力主擴大，如訂立通商條約，使英貨輸入尼德蘭(Notherlands)等。彼時英國中等階級，漸趨富饒，勢力亦大，對於國王之削平內亂，消滅外患，培養繁富，均竭誠擁護。若輩似止於要求安居樂業，經商之自由與生命財產之安全，對於政治問題，悉聽國王主持。以故徒多附朝之強固專制政府，得以繼續維持。

三　十七世紀之革命

一六〇三年，詹姆士第一即位，國王與國會之衝突，又復開始。詹姆士性好揮霍，不時向國會要求核准補助金。國會不允，國王乃自行征收關稅，批准專利，賣官鬻爵，勒捐人民。國會提出抗議，詹姆士大怒，撕毀抗議書，並拘捕「好鬧」之議員若干人以洩憤。國王又倡神權之說，謂「皇帝來自上帝，法律來自國王」(a deo rex, a rege lex)。僅對上帝負責。詹姆士更壓迫清教徒(Puri-

商人），因此引起中等階級（市民）與低級僧侶之反對。其時中等階級之商人、海員、鄉紳，多爲清教徒，爲清教主義之主力軍。清教徒既苦於國王之壓迫，又復苦於煩重之賦斂，遂毅然決然，與國會中之多數清教徒組織聯合戰線，以反抗國王。

查理士第一之專橫，不減於乃父。仍繼續與國會爭持，任意解散國會。一六二八年國王召集國會，以求解除財政上之困難。國會允給補助金，查理士以承認權利法典爲報答。權利法典，乃國會兩院所提出，其要點爲（一）非經國會許可，國王不得徵稅。（二）軍隊不得駐紮於民房。（三）平時不得宣布戒嚴。（四）不得任意施行監禁。國會猶以爲未足，更進一步反對未經認可之關稅與恢復舊教之設施。查理士惡之，令其解散。從此國王專政，竟不召集國會，亙十一年。在此時期中，國王令法院勒取大宗罰金，又將酒、鹽、肥皂專賣權賣於公司，收取巨款。而公司則提高物價，乘機漁利，以致民怨沸騰。國王更徵收船捐（ship-money），全國爲之譁然。

一六四〇年，查理士因蘇格蘭革命軍之侵入，極爲焦灼，乃召集一新國會，延亙二十年，史家稱之爲長期國會。新國會領袖皮蒙（John Pym）、漢普登（John Hampden）、克林威爾（Oliver

Cromwell），皆極端反對專制。國會遂彈劾國王之寵臣老得（Archbishop Laud）與溫得屋士（Thomas Wentworth），廢除羅織宗教犯政治犯之法院，禁止征收苛稅（如船捐），廢除國王解散國會之特權，並規定至少每三年集會一次。國王大怒，闖入國會，欲拘捕領袖五人。國會亦震怒，召集民兵，與國王對抗。於是內戰以興。

英國大革命，始於一六四二年，延亘四年之久。擁護國王者，稱騎士黨，貴族、高僧、舊教徒、鄉紳、及反對清教徒者屬之。反對國王者，曰圓頭黨，多為中等階級，如小地主、商人、製造業者、店主等。革命軍以克林威爾為統領，號稱鐵軍。一六四六年，國王戰敗投降。國會中有長老教徒者，意欲擁王復位，獨立教徒（亦清教徒之一種）反對之，遂借武人之力，拘捕長老教徒一百四十三人。斯時國會中僅餘獨立黨六十人，是謂殘缺國會。殘缺國會，以國王欲圖復位，遂組織高等法院，判處國王死刑，並宣布英國為共和國。

既而克氏與國會不睦，將其解散，更召集一新國會，類皆獨立黨。最後，新國會中之守舊派，竟將一切事權，付託於克氏。軍隊中之擁護克氏者，製定一政府組織大綱，以克氏為護國統領，任期終身。

國會有立法權與征稅權，而護國統領，則有延緩立法之權。一六五五年，克氏以長老派之頑抗，又將國會解散，施行狄克推多。一六五八年，克氏死，其政府遂瓦解。國人苦於克氏政府之暴虐，與清教主義之專橫，遂樂於歡迎查理士第二之復辟。而英國之大革命，遂由此告一段落矣。

一六八五年，詹姆士第二立，除施行宗教專制與政治專制外，更欲設立常備軍，由舊教徒統率。王黨與民黨，以常備軍於自由不利，遂同聲反對。又恐國王新舉一子，延長其舊教壓迫之時期，遂於一六八八年根據繼承法，歡迎維廉（新教徒荷蘭人）入主英國。詹姆士欲謀抵抗，而軍隊不從，乃逃往法國。

國會既立維廉為國王，更於一六八九年製定權利法典，要點如次：（一）嗣後英國元首，應屬於英國國立教會（新教）。（二）國王不得停止法律，或允許任何臣民不服從法律。非經國會許可，國王不得征稅或畜養軍隊。（三）不得干涉國會之自由選舉或議員之自由言論與自由行動。（四）臣民有請願元首之權。（五）國會應當常集會。此時國會地位，較前加強，自一六八九年起，即實行核准課稅，支配陸軍經費，但僅以一年為度。一年後，如不召集國會，兵士即不能領得餉銀，若有譁變，不得以軍事裁判制裁之。此之謂不流血之革命。王黨與民黨，均皆參加，各得相當酬報。在此時期，國會可謂戰勝王權矣。

四　工業革命與政治之關係

英國工業革命，發生於一七七〇與一八二五之間。其在政治上之影響，厥爲中等階級之勃興與參加政治活動。彼時工業擴大，商業繁盛，財富增加，城市興起，而盈千累萬之商人、銀行家、企業家，均致巨富。其權力較前加大，而與之攜手者，又有工業資本家，其勢力益雄厚。若輩對於政治，遂採取積極態度。

中等階級參加政治活動之原因，捨天然之野心外，尚有（一）政府法律皆自重商主義沿襲而來，極不便利於機器生產，必須廢除。工業必須任其自由，不受束縛。（二）工廠主人，必須取得政權，以防止工人組織工會或要求增加工資。（三）糧食應納關稅，以致生活用度提高，工資增高。海外入口之原料，亦納關稅。其他如釐金、道路稅，均爲商務之障礙，應行廢除。

銀行家、廠主、商人，雖屬戶口中之少數，但其財力通神，足以收買選舉或國會中之議席。彼等又宜稱商務繁盛，政府財用，乃得不致拮据，甚至工資之高低，亦視商業之繁盛爲轉移。中等階級，頗能以此說博得工人之同情，他方面又以革命爲要挾，以實現其對貴族之要求。一八三二年國會之改革，一八四六年糧食稅法之取消，實以中等階級爲主動力。

五　十九二十世紀之政治改革

一八三二年國會改革前，英國國會，爲地主與貴族所霸佔，中等階級徒向隅而已。大工業城市，如曼傑斯得 (Manchester) 與柏民夏蒙 (Birmingham)，均不能選舉議員，而小小鄉村，反能舉出議員二人，代表制度之不公平，於茲可見。中等階級乃極力奮鬥，以求改革議案之通過。

改革議案之內容可分三點。一曰議席之支配。戶口在兩千以內之城市，被剝奪選舉權，不能選舉議員；其在兩千與四千之間者，失去議員一席。新興工業城市以前無選舉代表之權，今因議席之支配，乃得選舉議員。二曰擴大選舉權。不論在鄉間或城市，凡所有或佔有土地或房屋價值每年十銹者，皆得享有選舉權，選民之增加，約在百萬左右，但以工業中等階級佔多數。工人與農民，仍無選舉權。三曰改良選舉方法。以前選舉時期，綿延十五日之久，賄賂騷動，無日無之，今則改縮爲兩日。一八三二年末之選舉，中等階級之政黨，竟佔大多數。

彼時英國工人，頗感受經濟上之痛苦，乃參加民權運動，以謀救濟，即所謂憲章運動是也。其主張有六。（一）普選。（二）國會任期一年。（三）選舉區相等。（四）投票用票紙。（五）取消國會議員之財產資格。（六）議員須有俸給。在發軔時期，此運動頗蓬勃，以窮乏飢餓之工人爲主幹。一八三九年，在倫敦召集一工人會議，以普選請願於國會，不許。三年後，又復請於國會，又不許。境遇較優之工匠，因運動受挫折，遂宣告脫離，而作合法運動。主持運動者日趨激烈。一八四七年，物價騰貴。翌年，法國大革命爆發，工人擬組織一偉大之軍隊，再向國會請願。政府爲之震駭，乃調遣軍隊鎮壓，並武裝店主之子一萬七千人，以作特務警兵，預備向工人開鎗。一八四八年四月十日，爲示威日期，天降大雨，益以示威羣衆衣著單薄，遂將示威遊行作罷。憲章黨人，既受最後之失敗，極爲抑鬱，遂形成分裂之局，有改作職工運動者，有投身於合作事業者，且有建立合作工廠者。論者謂憲章運動之失敗，實由於中等階級之阻撓 (C. J. H. Hayes, A Political and Social History of Modern Europe, Vol. II, p. 112)。

一八六七年，國會中之保守與自由兩黨，又復通過一改革議案。選民之資格，尤其是城市中之選民資格，確爲減低，但仍以財產爲標準。增加之新選民，約一百萬，以城市中之工匠居多。工人與農民，仍無選舉權。議席亦略有更動，較小城市失去五十二席，新城市取得若干席。簡言之，此次改革，與第一次無多差異，不過選舉權略略改寬而已。

第三次改革議案，在一八八四年通過。凡男子年滿二十一歲，而佔有房屋一棟或僅一部分者，皆得享有選舉權。佔有房屋者，或爲房主，或係佃夫，或爲他人服役，或設立事務所，均在法律範圍之內。又租用房屋每年價值在十鎊以上者，亦能享有選舉權。此次改革案，尚保存財產限制與有特權，不能稱爲普選。年青人寄居父寓，僕役寄寓主人家，皆不能有選舉權。工人賺得若干工資，又或有相等之進款者，皆爲合法選民。

眞正之普選，始於一九一八年之第四次改革案。年滿三十歲之女子，皆享有選舉權，但若雇或其夫壻，必須爲地方政府之選民。議員之支配，以戶口爲標準，在英國每七萬人得選舉議員一名，在愛爾蘭每四萬三千人得選舉議員一名。選民增加八百萬人，其中有女子六百萬。一九一八年，國會又通過一法律，凡年滿二十一歲之女子，得被選爲下議院議員。轟轟烈烈之女權運動，遂由此告一段落。

英國國會爲兩院制。上院代表貴族、地主、及財閥，爲守舊主義之大本營，對於『不利於己』之議案，當然不表贊同，一八三二年之改革議案，可爲明證。但經過此次之風潮後，貴族院之權能，日就衰落。至一九〇九年，下院通過一財政議案，對於富有階級收稅頗重，遂引起貴族院之激烈反對，而被拒絕。國會亦解散。及新國會召集，仍堅持其原來之主張，遂於一九一一年，通過『國會議案』，限制貴族院之權能，此後之財政議案與其他政府議案，雖不經貴族院之同意，亦能成法律，嗣後下議院，遂成爲國會中之超越立法機關矣。此亦民權運動中之重要政治改革也。

六　結論

英儕甫來思對於英國民權運動，曾作一結論曰，「英國由封建帝制變爲極端民主，中經三百餘年，無論農民或工匠，除一八三二年外，皆不急急於奔走呼號，爭取政權。舊制之漸漸破壞，實由上層階級之一部分有以致之，而以中等階級之大部分爲之輔助。在過程之初期，其動力爲宗教壓迫與政治專橫，欲求將此二者而消滅之，則唯有置國會於國王之上。在過程之後期，則由於（一）中等與下層階級在經濟上有向上之進步。（二）舊式寡人政治之流弊太多，須廢除之以求增進行政上之效能。（三）兩黨（即保守黨與自由黨）爲增益其勢力計，故意作種種之提議以求見好於民衆。至於抽象理論，則其影響於民權運動者甚微」云云。

近來英國工人勢力之勃興，尤爲民權運動中之特色。工黨自一九二四年乘政失敗以來，其地位反日見強固，在一九二九年五月總選舉中，竟獲空前未有之大勝利，得票八百餘萬，其勢力實駕凌保守黨而上之。顧工黨執政以來，已踰半載，對內不能解決失業問題，對外仍沿襲保守黨之侵略政策，此與保守黨無以異，非工人之眞正政黨也。

第三章　美國民權運動史

美國獨立時期之民權運動，亦可稱爲英國民權運動之支派。以種族言，英美人原屬同根之兄弟；以政治言，在美國未獨立前，英美人民同受英王之統治與壓迫，而且移居於美洲者，又多飽受壓迫之清教教徒，其反抗暴虐之志願尤爲堅決。在美國獨立醖釀時期，適值英國國內太平，而英國海軍，又能握海上之霸權。英王喬治第三以其地位既已穩固，乃恣意專橫，威脅國會，同時對於美洲殖民地亦施行政治上與經濟上之壓迫。換言之，英美人在此時期，實同感英王之壓迫，以故在美洲獨立風潮澎湃之際，英國名流（如布克(Burke)），悉主張調協，以爲解決之初步辦法。而美國反抗英王之結果，則脫離英國統治而獨立，並建立共和，以示與帝制之決絕，又在憲法上禁止貴族爵位之授與，其勇往直前之民主精神，似較英國民權運動更進一步。

一　獨立運動之經過

當時英國政府壓迫美洲殖民地之手段，以關於經濟方面者爲最嚴厲；而美人之謀反抗，亦以求經濟桎梏之解放爲其出發點。在一七六三年以前，英政府加於美人身上之經濟桎梏，計有左之數種：

(一)航行法。依照此法之規定，凡輸入美洲或由美洲輸出之貨品，須由英船載運。其不能直接由英船輸入者，應先送往英國，然後轉運美國。

(二)貿易法。殖民地煙葉及他種貨品，祇可售於英國人。

(三)禁止製造品法。美洲不得製造皮帽、鋼及毛貨，以輸出於鄰近城市、殖民地或海外，意在強迫殖民地購買英貨。

以上種種限制，實爲英政府貫徹其帝國主義政策所必須採取之手段。蓋以壟斷商務，排斥他國之覬覦，始能取得大宗財富，建立海軍，擴大海上威權，以繼續執海上之牛耳。英政府根據以上之苛法，更作進一步之種種壓迫。一曰取消陪審制。凡違反航行法貿易法之人犯，應歸海軍法庭審理，不用陪審員。二曰限制遷徙居住之自由。一七六三年，英王禁止美洲人購買西方土人之土地，或遷居其地，其得有英政府之許可者，不在此例。三曰稅斂煩苛。除英國西印度外，無論在何地所購買之甘蔗及蜜糖，皆須交納一種舊稅。一七六五年，對於法西葡各國輸入殖民地之貨物，加征一種特別稅。同年英政府更施行印花稅。凡殖民地之新聞紙及印刷物，均須貼印花。此稅在美國史上為創舉，以故美人恨之尤甚。

美人反對印花稅所持之理由，為封建時代之舊習慣，即征稅須得納稅人之許可是也。英國國會中，無美洲殖民地之代表，以故其所通過之印花稅，美人不能承認。實則美人苦於經濟上與政治上之重重壓迫，特藉此以為口實耳。首先反對印花稅者，為維基尼阿（Virginia）市議會中之亨利（Patrick Henry），其言論至為激烈。北部馬薩諸塞（Massachusettes）邦之下議院，提議召集印花稅條例會議於紐約市，以為亨利之響應。同時民衆方面，亦極鼓譟。城市中之暴徒，竟欲以印花票塞入經售人之喉管中，或竟搶掠經售人之房屋，或當衆燒燬貼有英國政府印花之文書。

印花稅條例會議於一七六五年十月在紐約開會。通過決議案若干則，否認印花稅條例及其他干涉殖民地商務之法律，並宣稱祇有殖民地人民自身選出之議會，始能徵收合法之賦稅。英政府鑒於殖民地反抗之激昂，乃於一七六六年，取消印花稅，但於翌年頒布城市條例：第一，紐約議會，若不支付英軍駐防經費，應即停職。第二在波士頓（Boston）設立一機關，以監督貿易法之執行。第三，徵收玻璃、紅白鉛、紙、茶及顏料稅。同時又聲明英國國會有干涉殖民地一切事務之權能。如此種種，更足以激起美洲殖民地人民之憤怒。

一七七〇年三月五日晚，波士頓某街上，有民衆一隊，向執行城市條例之兵士，嘲笑慢罵。復有若干青年，以石子與雪球，向兵士拋擲。兵士開鎗還擊，殺死五人，傷六人以上，遂演成「波士頓慘案」。一七七三年十二月，民衆因痛恨英政府征收茶捐，更痛恨英政府欲以茶葉專賣權給予東印度公司，遂喬裝印第安人，闖入運茶船上，投茶葉於波士頓海灣中。就此兩事觀之，美人反抗英政府之程度，可想而知矣。

英政府對殖民地之示威舉動，採取積極鎮壓手段。一，解散殖民地之議會數處。二，封鎖波士頓商埠。三，命將刺殺官吏之人犯，送至英國或其他殖民地審理。四，禁止馬薩諸塞邦之人民，不得總督之同意，不得開城市會議。美人對英政府之壓迫，亦採取積極行動，即於一七七四年，由馬薩諸塞下議院之發起，舉行第一次大陸會議於非列得爾非亞（Philadelphia），列席者有各殖民地之代表。該會議完成二事：一，發表宣言反抗英政府頒布之不合理之法律。二，組織一抵制英貨之運動。事實上，出售英貨者，或被人塗抹煤膠，或插羽毛，以示羞辱。其時各地革命委員會次第成立，互通聲氣，成爲一反英之有力組織。而革命風潮，遂益高漲而不可遏止矣。

一七七六年七月四日，非列得爾非亞大會議宣布獨立：獨立戰爭，遂由此開始。就事實言，戰爭之開始，當在一年以前。緣一七七五年四月，英軍開往康科特（Concord），意圖破壞美人之軍需庫，行至勒克星敦（Lexington），突遇美洲民兵一隊，喝令解散，不從，遂開鎗擊之，死數人，及抵康科特，遂搗毀軍需庫及破壞房屋數處而返。流血消息傳出後，全國沸騰，卽與英軍作不規則之戰爭。

美國獨立戰爭，自開始以迄終了，延亘八年之時光，兩軍各有勝負，而最後之勝利，則屬於華盛頓統率之美軍。美人自得法國之援助，聲勢益大；最後英軍被圍於約克唐（Yorktown），卽於一七八一年十月投降，軍事遂告一段落。法將拉法夷脫（Lafayette）躬自參加戰役，屢建功勳。一七八三年，巴黎和約成立，英國承認美國之獨立，並劃定疆界，於是獨立戰爭，始告終結。

二　聯邦政府之成立

美人因痛恨英政府之壓迫而宣佈獨立，幾視政府爲仇敵，不復欲建立任何政府；強有力之中央政府，更爲若輩所深惡而痛絕。英儒蒲來恩在其名著美國共和政府（The American Commonwealth）中屢屢揭櫫此意，以故美洲各殖民地對於獨立運動雖努力前進，但對於聯合政府之成立，殊漠然視之。組織政府之計畫，遲至一七七九年始商妥，一七八一年始由各邦批准實行，卽所謂聯盟約章（Articles of Confederation）是也。

新政府之組織，極爲孱弱，無執行法律之機關，無募集軍隊與金錢之權力，不能規定各邦間或對外商務之經營。一切權力皆集中於一會議，而會議則爲代表各邦之機關，不能代表人民。會議中之投票權，不論各邦之大小及其代表之多少，均祇有投票權一權。各邦之不信任強有力之中央政府，及彼此間之互相猜疑，於玆可見。各邦之新憲法限制選舉權，頗爲嚴刻。非有一定之財產者或納稅人，不得參與選舉。可見當時之美國民權運動，上不信任中央政府，下不信任民衆，其結果適造成一地方把持政權之局面而已。

美人對於新政府因其脆弱無能，既不能保護美國幼稚工業，以抵制英人之競爭，又不能償還公債之本息，均懷怨望，要求改造，繼以各邦之騷亂，改造刻不容緩，遂有一七八七年憲法會議之召集。憲法會議，經歷四月之久，始產生一部新憲法，交由各邦批准。一七八九年，新政府成立，選華盛頓爲總統。

憲法會議中之爭議甚多，其重要者爲（一）平等權。關於國會中之投票權問題，大邦主張不平等，而小邦則力持反對，結果參議院以平等爲原則，每邦得派議員兩名出席，至於衆議院之議員，其數口應以人口爲比例，大邦可多舉議員若干人。（二）國會整理商業之權能。北部各邦，願將整理商務之權，交與國會，而南方諸邦，則恐國會利用此種權能，以偏袒北方之船主與製造業者，而損害南方之地主，並推翻奴隸貿易。結果國會得干涉對外貿易與各邦間之商務，在一八〇八年，不得取消奴隸貿易。

由新憲法所產生之政府，有製定法律之國會，執行法律之大總統，與宣布違憲法律無效之大理院。三權鼎立之制度燦然大備。而國會之權力，亦較前擴大，如征收賦稅，召募軍隊，皆不須各邦之同意；並得施行各種必要事項，以實行憲法所賦予之一切職權。以哈密爾敦（Hamilton）爲領袖之聯邦黨人（Federalist），猶極力主張擴大中央政府之權能，而哲斐孫（Jefferson）所領導之非聯邦黨則反對之。此兩派之演進，遂成爲今日共和與民主兩黨之分野。

新憲法固較聯盟約章爲進步，但亦有其缺點，其顯著者在對於私人自由無明白之規定。於是信教自由、言論自由、出版自由、集會自由、向政府請願之自由、實行陪審制度等，彙集成爲十條，作爲憲法修正案，以附於憲法之後。此爲成文憲法中之特點。以上列舉之自由，皆散見於英國之共同法（common law），本可不必規定於憲法中，而美人則以政府之專橫爲慮，故有修正憲法之舉。

三　選舉權之擴大

美國自革命後，參加政權者，仍爲少數人民；即以寡人政治目之，未嘗不可。以理論言，政府權能，由被治人民所賦予，但考之實際，則以多數人不能參加政治，遂易養成在權者之專恣。當時選舉權上之限制，頗爲嚴刻。（一）投票權僅以男子爲限，而男子又須富有財產者或係納稅人，方有投票之資格。因此選舉權被剝奪之男子，爲數甚夥。（二）祗有富人或相信某種教派之人方能作官，因此，享有選舉權者，對於候選人之選擇，亦受限制。

但在十九世紀前之十年內，城市興起，鐵路增加，工廠發展，工人加多，如此種種，皆爲美國以前未有之新徵象，而人民要求參政，亦較前爲迫切。多耳（Dore）之亂，尤爲要求普選之明證。先是羅得島（Rhole Island）邦，僅地主有投票權，而無土地之工人、事務員、教師、商人則皆向隅。及工業城市發達後，若輩均要求選舉權，一八四一年，自行召集一會議，制定憲法，並選舉學校教師多耳爲行政首長。後多耳失敗下獄，目的未能實現。

各邦男子普選運動，有經過激烈之鬬爭，尚不易取勝者，亦有成功較易者。肯塔啓（Kentucky）於一七九二年加入聯邦時，即允許男子普選。田納西（Tennessee）於一七九二年之邦憲法上規定一切自由人民之投票權。印第安那（Indiana）於一八一六年以選舉權給予一切白種自由男子。二年後，伊里諾斯（Illinois）做其成例。同時東部各邦，如新罕木什爾（New Hamshire)、佐治亞（Georgia）、馬里蘭（Maryland），均取消選舉權上之納稅限制與財產限制。另一方面，馬薩諸塞、康涅狄格（Connecticut）、羅得島、維基尼亞、北卡羅來納（N. Carolina）、南卡羅來納（S. Carolina），仍堅持財產限制。直至一八二六年，紐約仍不肯放棄其舊制度。一八五〇年，維基尼亞始取消選舉權之限制。一八五四年，北卡羅來納始給予白種男丁以普選舉權。白種男子雖逐漸取得普選權，而女子則否。遂有女權會議之發起。一八四八年，美國第一次女權會議在紐約之辛尼加瀑布（Seneca Falls）開會，發表權利宣言。主持此運動者，類皆女界名流，而從旁贊助者，又有著名男子。於是女權運動，日見擴大。一八五〇年，又開全國會議一次，出席者有九邦之代表。

女子參政問題之重要爭執，首先發生於堪薩斯（Kansas），時在一八六二年。當時該邦以女子參加政權問題，付交人民公決，女子雖極力奔走，終歸失敗，但同情於女子之主張者，為數亦夥。但自一八六九年起，西部諸邦，如歪俄明（Wyoming）、哥羅拉多（Colorado）、猶他（Utah）、愛達和（Idaho），均先後給與女子以參政權。女權運動，遂在西方取得相當勝利。

自一八六九年至一九一〇年，爲女權運動衰落時期。在此時期中，女子雖作多次之鬭爭，終歸失敗。自一九一〇年起，西方各邦，如華盛頓（非美國首都）、加利福尼亞（California）、俄勒岡（Oregon）、亞利桑那（Arizona）、得克薩斯（Texas），中美之伊里諾斯，東美之紐約，均次第以女子參政權授予女子。至一九一七年止，在美國四十八邦中，已有十二邦給與女子投票權。

一九一六年，女子參政，成爲重要政爭之一。共和黨主張以投票權授與女子，但主張將此問題交由各邦解決。而民主黨則祇允推廣國內之女子參政權。但女子選舉人，仍加倍奮鬭，而紐約又復允許女子參政，女權勢力，日見蓬勃。國會迫於不得已，遂通過第十九條修正案，給與全國女子以投票權。一九二〇年，此案經各邦批准，成爲國憲之一部分，而數十年之女權運動，遂完全取得勝利矣。

美國男子普選運動與女子參政運動，各有其特別歷史，而黑奴之取得參政權，亦有其特別背景。奴隸本爲財產，可以自由買賣，無法定權利之可言。但在確定國會議員名額時，奴隸可作爲國民，唯黑奴五人，祇能作三人計算耳。一八六三年，林肯釋放黑奴，此爲奴隸取得權利之初步。自第十四條修正案通過後，黑奴選舉權始確定。該案之要點有二：一面宣布所有生長或同化於美國者，皆爲公民，一面又禁止各邦任意剝奪黑奴之公民權（選舉權在內）。

根據第十四條修正，黑奴得以參與政權。但南方各邦，則竭力限制黑奴之選舉權，不令投票。共和黨爲保障黑奴選舉權起見，郎於一八六九年，通過第十五條修正案：各邦及聯邦政府，均不得藉口人種、膚色、及以前曾作奴隸爲理由，而剝奪任何人之選舉權。就紙上觀之，黑人之參政權，旣已多一重之保障，似可暢行無阻矣。

但至一八九〇年，南部諸邦，陸續制定法律，修改憲法，以剝奪黑人之選舉權。在表面上，自不能公然宣稱黑人不應有投票權，蓋爲第十四條與第十五條修正案所禁止故也。而實際上則以種種巧妙之方法限制之。其最普通之限制，爲左列之四種：

（一）投票人須有一定之財產。

（二）投票人須能讀邦憲法一節，或由他人宣讀而自家則加以解釋。

（三）投票人須在一八六七年爲選民，或係該選民之子孫。（此條已由大理院取消。）

（四）投票人須從未犯罪，如毆妻、偸盜等。

四　民權運動之新趨勢

在十九世紀末葉，美國教育業已普及，能讀新聞紙、雜誌及書籍者日益加多。他方面，政府官吏作惡，不受人民干涉。上自聯邦政府，以至城市之參事會，常有受賄舞弊之事實發現。因此，民衆對於政治發生新興趣，而改革運動，亦隨之而興。民衆首先要求改良者為投票紙，主張採用「澳洲投票紙」，以保存選舉之祕密，以保障選舉人不受政黨之威脅。一八八八年，馬薩諸塞首先採用此種選舉票，及至二十世紀初年，美國各邦，均倣行馬薩諸塞之成例。自選舉票改良後，賄買與欺騙，均經減少至最低限度。

投票紙改良後，又有主張施行創制權與複決權者，尤以西部人民主張最力。此種要求，為民衆不信任議會之反映，緣當時各邦之立法院，對於人民所需要之法律，不予通過，而對於其所不需要者，則常常通過之，與民衆意旨適相背馳。因以創制權與複決權救濟之。

創製權允許私人提出議案，苟該議案取得選民百分幾之連署，即可於選舉時交由全體選民表決。若得多數人之贊同，即可成為法律。凡人民對於議會所通過之某種法律，不表贊成時，得要求將該法律於選舉時交由人民再行表決，是謂複決權。

按創制權與複決權，均始於瑞士，為『直接政府』(direct government) 之具體表現。直接政府者，即選民直接立法之謂也。南達科他 (South Dakota) 於一八九八年首先採用此種新制度。四年後，俄勒岡效法南達科他；一九〇五年，內華達 (Nevada) 採行一部分。嗣後接踵而起者，又有十餘邦與三百以上之城市。

繼創制權與複決權而起者，又有罷免權。此制始於一九〇四年之羅三傑勒斯 (Los Angeles) 地方。罷免權者，即人民直接罷免官吏之意。凡有一定百分數之人民，不滿意於某官吏，得請求撤換之，或迫其辭職，或令其於下屆選舉時聽候民衆之裁判。

就表面觀之，罷免權似足以增加人民對官吏之權能，宜其有迅速之發展，但考之實際，則罷免權之發達，實不及創制權與複決權之迅速。至一九一六年，實行此制者，祇有華盛頓、加利福尼亞、俄勒岡、亞利桑那、俄克拉何馬 (Oklahoma)、內華達、科羅拉多等邦，但在各城市之採用此制者，已達二百餘處。

第四章　法國民權運動史

法國大革命，起於一七八九年，其原因有三。第一，法國之神權專制，在理論上與實際上，皆已達於絕頂。而舊制度所養成之各階級，又立於極相反之地位，貴族壓迫平民亦極嚴刻。第二，路易十四好大喜功，又極揮霍，以故對於平民之剝削，無所不用其極。路易十五與路易十六，皆蕭規曹隨，不能鏟除苛政。第三，法國教育水平線，業已達於較高之程度，以故對於現存之政治制度與社會制度，皆有不滿意之批評，欲謀破壞。孟德斯鳩（Montesquieu）斥神權專制為不合理。福爾特（Voltaire）對於宗教與僧侶，嬉笑怒罵，認為亦不合理。盧梭謂階級之不平等，非以理由作根據。柏沙利亞（Beccaria）以為任意干涉私人之自由，殊不合於理由之命令（dictates of reason）。在此三原因中，尤以平民受苛捐雜稅之壓迫為最不可忍耐。當時，下層民衆過橋過路，皆須納稅，賦稅之繁重，可謂蔑以加矣。以故革命一經爆發，不但政治制度被其推翻，即社會制度亦受破壞。此法國革命所以與英美之革命不同也。

一　一七八九年之革命

在革命之前夜，舊制度已走向崩潰之路，鄉村中之課賦非常煩苛，城市缺乏糧食，工資極低，不夠糊口。中等階級嫉妒上層階級，並羨慕英國之政治與社會制度。而法國政府之財政，則幾陷入絕境。路易十六於一七八八年，召集全級會議(Estates-General)，以謀財政之解決。全級會議始於一三〇二年，嗣後開會無定期，至一六一四年完全停止。會議分為三團體，一代表僧侶，一代表貴族，一代表平民，即第三階級是也。投票時，僧侶與貴族，常常攜手以反對平民。全級會議選舉畢，法人乃上陳情表(Cahiers)，力主改革。

一七八九年，全級會議開會於凡爾賽(Versailles)宮，其任務單在解決財政。每階級只准投票一權。僧侶與貴族，完全同情於此辦法，而平民則主張全級會議，應改為單一機關，不准分開；每人投票一權，並應從事改組政府之全部。全國公意，皆贊成平民代表之主張。爭持一月，竟不能決。法王亦不願干涉。最後，一七八九年六月十七日，第三階級自稱爲國民議會，並在網球場上宣誓就職，以制定憲法爲職志。斯爲法國革命眞正之開始。法王對於第三階級，加以虛聲恫喝，無效，遂令三級同一會場開會，而全級會議，乃變爲國民議會。但法王仍以軍隊恐嚇之，以期馴服。

其時，巴黎民衆，迫於飢寒，遂同情於國民議會，搶掠商店，驅逐官吏，並於一七八九年七月十四日奪取巴斯帝（Bastille）監獄。巴黎市民，自動建立巴黎市政府，並召募民兵四萬八千人。路易十六爲大勢所迫，承認巴黎市政府，撤回軍隊。但王后及其嬖幸，日以壓迫國民議會言於王，王爲所惑，遂調回遠戍軍隊以資鎭壓。同時，巴黎民衆，飢寒益甚，又見法王調回大軍，更加怒不可遏。於是十月五日，有婦女一長隊，高呼『麵包，麵包』，由巴黎走向凡爾賽宮，意圖暴動。結果，法王屈服，合家由凡爾賽徙居巴黎。

彼時，全國行政亦陷於停頓狀態。民衆希望改革，不肯納稅，而官吏亦不能勉強征收。各地城市，先後響應巴黎暴動者，皆以選擧官吏，代替皇家官吏，並組織自衞兵。同時，巴黎民衆之直接行動，亦蔓延於各省。各省被壓迫之人民，立卽組織燒殺隊，焚燬貴族居處，焚燬田契，搶刼寺院，屠殺貴族。而舊制度遂於全國擾攘中完全崩潰矣。官吏與機關，均停止活動。一七八九年夏，法國專制，可謂完全廢止矣。此時政治改革與社會改良同時並進，故法國革命，實含有政治與社會兩種性質。

國民議會為平民憤激起見，乃廢除封建稅與奴隸稅，廢除貴族擾民之畋獵法，廢除奴隸，廢除宗教稅，及禁止賣官。法國舊社會，乃由此解體。國民議會更發表人權宣言及制定憲法。此憲法於一七九一年完竣，仍保存君主政體，但法王之權，則極微弱。反對新憲法者，有逃往萊因之貴族，與居留國內之皇家親屬，及崇信舊教之農民。而反對最力者，則為城市中之貧窮無產階級，蓋以國民議會所施行之種種改革，多半利於中等階級，而窮苦民衆，所獲無多故也。

急進主義以巴黎為中心，在一七九一年與一七九二年間，採用煽惑文字及激烈演講以鼓動羣衆。並組織俱樂部，以為煽動之中心。在各地方，亦有同樣之激烈宣傳。急進運動以馬辣（Marat）、但丁（Danton）、及羅伯斯庇爾（Robespierre）為領袖。此三人本為中等階級分子，但以其信仰論，則為無產階級之喉舌。

同時，法國革命，引起歐洲君主國家之仇視。普、奧兩國皇帝，於一七九一年，宣稱恢復法國帝制，爲歐洲一切君主之共同利益。一七九二年，普、奧聯軍，侵入法國，法人自思爲自由平等民族主義而戰，勇氣百倍，甚至僅攜戈矛以赴敵。法軍初受挫折，巴黎民衆疑法王與敵人互通聲氣，遂於六月二十日舉行大示威，衝入皇宮向皇帝與皇后表示威嚇。帝與后終不覺悟，陰求援於外國之君主。

未幾，普、奧聯軍退却。一七九二年九月二十二日國民議會（National Convention）宣布法國爲共和國。國民議會由普選選出，議會中屬於右派者，有基羅特黨（Girondists）兩百人，屬於左派者，有山岳黨（Mountainist）百人。右派主張民治，但反對無產階級，而巴黎民衆則同情於山岳黨。介於此兩黨之間者，有平原黨（Plain），佔議會中之多數。嗣後，平原黨因巴黎市民擁護山岳黨，日趨激烈，遂亦表示左傾。國民議會以法王有通敵嫌疑，判處死刑，即於一七九三年，將其斷決。

法王被殺，更加引起外國君主之恐慌。於是英國、荷蘭、西班牙、沙爾地尼亞（Sardinia，即意大利），加入普、奧聯軍，侵入法國。但此時法人之防禦能力較在帝制時代更爲加大，資產階級樂於捐助金錢與智力，以厚國防，而工匠與農民，則願意犧牲生命。結果，法軍戰勝，聯軍瓦解。

一七九三年春，國民議會將全國行政權，交付公安委員會，以山岳黨黨魁（如羅伯斯庇爾等）爲主幹，令其任命官吏，管理行政，而法國遂入恐怖時期矣。恐怖時期，僅延五一年，（一七九三——一七九四），而被殺者在巴黎達五二〇〇人，在各省約近萬人，皆係估計之數，非確數也。於是法國革命之三大口號：自由、平等、博愛，遂沉於血海矣。同時，急進黨（山岳黨）領袖，自相魚肉，同歸於盡，而恐怖時代，乃由此告終。

國民議會雖在內憂外患交乘時期，仍力行改革，如廢除財產上之不平等，收沒逃亡貴族之財產，規定最高物價，廢除地租，分割大地產賣與農民等，甚至廢除夫人稱呼 Monsieur 而代以『公民』(citizens)。在司法方面，又禁止以債務關係監禁任何人，廢除黑奴制度，保護女子財產權。而新共和憲法中，又充滿民治之意念。自羅伯斯庇爾倒坍以後，國民議會即爲富有之中等階級所操縱，不肖爲無產階級謀改革。而法國政治，遂逐漸趨向復古，最後乃有拿破崙之稱帝。

法國大革命，以三事相號召，即自由、平等、博愛是也。所謂自由，係指政治而言，以後之政府，不以神權爲基礎，而惟根據憲法，以人民之意思爲主體。個人不服從皇帝，應享有私人自由之擔保，信教自由、言論自由、出版自由，皆私人自由之好例也，國家不得縮小其範圍。至於平等，則指廢除特權，廢除農奴，廢除封建制度而言。無論何人，在法律上一律平等。法國革命對於尋求人生快樂之平等，亦欲其實現，惜未成功。博愛者，親切之義，但因階級間之懸殊，貧富之不均，實際上親愛，難以實現，以故徒託空言而已。美國歷史家赫思（C. T. H. Hayes）氏謂博愛之義，與愛國同，共同攜帶武器，以赴國難，斯即博愛之具體表現也。

二　一八三〇年之革命

在法國大革命時期，即有大批貴族，逃往外國，及拿破崙即位，回國者甚夥，前路易十八復辟，遂全體返國，恢復貴族會議，組織極端保皇黨，以推翻革命事業與恢復舊制度爲目的。一面鎭壓民主主義，以圖報復。一面强迫政府，提高選舉人資格，以剝奪人民之權利。此其一。

法王查理第十，更極力恢復舊制度。發行巨額公債，以賠償貴族在革命時代之損失。又用僧侶管理高等教育，不許任何人褻瀆教會內之用品，違者處以死刑，遂引起知識分子之反抗。同時，農民因舊制度業經恢復甚恐地主與貴族肆行壓迫，遂決意與復古運動作殊死戰。法王更於一八三〇年七月二十六日頒布命令，禁止出版自由解散未召集之國會並繼續工商稅，不問納稅之多少均無選舉權。此其二。

七月法令頒布後，輿論譁然，革命風潮，遂趨於激烈。七月二十七日，共和黨人率領學生工人與民衆，在巴黎市內用巨石堆成堡柵，以抵抗官軍，苦戰三日三夜，死傷三千八百人。嗣後，有一部分官軍倒戈，革命聲勢益大。法王聞訊，下令取消七月法令，並禪位於亨利第五；而以路易腓力實行王命。當時共和黨人組織臨時政府，並配置革命於四週，嚴防貴族之侵入與反動派之進攻。臨時政府領袖拉法夷脫受路易腓力之麻醉，而共和黨人亦受催眠，結果歡迎路易為國王，宣布君主立憲政體，七月革命即於此告終。

三 一八四八年之革命

路易統治法國，自一八三〇年至一八四八年。以理論言，其政府以主權在民為原則，即所謂民治是也。但在實際上，國會選舉權，受嚴厲之限制，而中等階級，對於立法與行政，又有巨大之威力，以故彼時之法國政府，距離民治尚遠。法王之保守性與年俱進，而民衆之反對，亦日甚一日，及至一八四八年，法國各階級，幾皆一致團結，反對法王與中等階級聯合而成之君主政體。並有多數人民決定建設一真正民主政體。

在路易統治時期中，國內各派，先後脫離法王而去者，有正統派（Legitimists）、共和黨、愛國志士、民主黨、社會黨、舊教徒等。正統派主張查理第十復位，並為舊制度而奮鬭。路易在即位之初，尚為平民愛戴，但久而久之，則趨於專制，而成為共和黨之敵人。一八三五年，有一無政府主義者，欲以炸彈廢除君主政府未成，路易乃施行壓迫手段，監視報館，極為嚴厲。凡侮辱法王者，皆處以一萬佛郎以上之罰金。共和黨人有暴動者，亦受嚴刻之懲處。路易斐力遂為國人所痛惡。

路易對外政策，以屈服遷就為主。例如因英國之反對，不許其子登比利時王位；因商人堅欲與英國通商，遂不惜卑躬屈節獻媚於英國等，皆足以外損國威，為一般愛國志士所不滿。在一八三〇年革命時，路易曾以施行普選為言，選舉人納稅數目，應由三百佛郎減為二百，如係律師、教授、醫生、官吏，則僅納佛郎一百卽有選舉資格。但實際上有選舉權者僅二十萬人。於是下層中等階級（如小店主等）與普通民衆揭袂而起，共同指摘路易寡人政治之非。在最後八年中，賄賂公行，竟以衆議院爲收容無聊政客之所。其初中等階級一致擁護路易，今則分爲兩派，各奉介索（Guizot）與爹亞（Thiers）爲領袖，互相攻擊。同時，路易自知末日將臨，極力搜括，以飽私囊。

最後，尙有反抗法王之社會黨與激烈派。其時里昂製絲工人，每日作工十五時以至十六時，僅得工資銅元十一枚，不够生活，乃大聲疾呼曰：「與其作工而生，毋寧鬭爭而死。」然則社會需要改革，已顯然可見矣。但主張社會改革者，各有其不同之意見：當時，有所謂聖西門（Saint Simon）社會主義派、福里亞（Fourier）共產主義派、布郎克（Louis Blanc）合作社會派、及蒲魯東（Proudhon）無政府主義派。各派對於改革之必須，則趨於一致。布郎克爲社會黨之中堅人物，大聲而呼曰：「國家應以工作給與身體強壯之公民，國家應扶助與保護年老多病之個人。祇有運用民主權力，始能得此結果。民主權力以主權在民爲原則，以普選爲原始，以實現自由、平等、博愛爲依歸。」

一八四七年，國內各派，均與政府爲難，要求選舉改革。是年，自由黨與王黨之中等階級，舉行公開宴會，以促進選舉法之改革，而社會黨與共和黨所舉行之公宴，逐漸表現革命論調。在巴黎赴宴者，皆舉杯以改良工人境遇爲壽。政府爲之震驚。一八四八年二月二十二日，擬在巴黎舉行一大規模之公宴。政府加以禁阻，惜爲時已晚。屆時，憤怒之工人，與粗莽之學生，蜂擁其地，高呼改革。並於黃昏時放野火，唱國歌。次日，中等階級之自衞兵，與革命民衆，同呼「打倒介索」。其時介索邸寓之自衞兵，向示威羣衆開鎗，死二十三人，傷三十餘人。羣衆乃將死屍舁置車上，血跡淋漓，更以火炬照之，遊行巴黎全市，極爲悲慘。工人即於街上建築障礙物，大呼「共和萬歲」「讓路易殺我等」之標語，遍貼全市。路易知大勢已去，遂下詔禪位。

路易逃亡後，在巴黎有兩處宣布共和，一在城西之衆議院，一在城東之市政廳。城西共和黨代表中等階級，懸三色旗，主張民治。城東共和黨代表工人階級，懸赤色旗，意在建立政治性與社會性之民主政體。前者組織之政府，代表中等階級之自由主義，而後者則欲舉行社會革命，爲工人謀利益。最後，兩政府合併，布郎克參與聯合政府。

臨時政府成立後，中等階級與工人不能融洽。其初，中等階級派因受貧民軍隊之恐嚇，尙注意於貧民問題與布郎克之社會主義計劃。臨時政府徇布氏之主張，建立國家工場（national workshops），或稱合作工業社，由國家輔助建立，由工人自身辦理，但管理國家工場者，爲一中等階級之部長，痛恨布氏之理論，以故布氏工場定歸失敗。城中貧民與手藝工人，因革命失業，遂受傭於政府開掘壕溝，其數目達十萬，每日可得兩佛郎，由國家支付。同時，臨時政府派布氏調查工人疾苦，而布氏亦令巴黎工人減少作工時間，由十一時減至十時，鄉間作工時間，由十二時減至十一時。但布氏無執行命令之權，政府中之中等階級派，以社會黨無害於事，遂亦置之。此爲革命之第一期。

四月二十三日，以普選爲根據，選舉憲法會議，以制定憲法。布郎克之破壞理論，不爲僧侶所信仰。布氏對工人之同情，亦爲商人所不悅。其時，課稅增加，儉約之農民，認定布氏國家工場，僱用巴黎浪人，無異虛耗公帑。在新憲法會議中，社會黨僅寥寥數人，其餘則爲中等階級之共和黨與反動派。於是工場廢除，工人解散。工人大爲憤怒，卽於貧民區域內，重新折毀街道，建築障礙物。憲法會議遂調遣大軍，鎭壓革命巷戰三日（一八四八年六月二十四至二十六日），結果官軍大勝。革命戰士，除被鎗決者外，有四千人被流徙於殖民地。巴黎工人，每一念及巷戰情形，不禁嚙牙切齒，痛恨中等階級之共和國。而農民則以每次共和成立之後，必至流血，遂亦不相信共和主義。此爲革命第二期。

憲法會議中之中等階級共和黨人，遂得爲所欲爲矣。若輩主張：家庭、財產權、公共秩序三事爲共和國之基礎，否認社會主義與無政府主義，但同時則贊成社會改革。若輩又宣布奴隸制度、檢查報紙、殺戮政治犯，皆不合於自由、平等、博愛之原則。對於不收學費之初等教育，亦熱心提倡。此類改革，皆以中等階級爲出發點。最後，憲法會議制定憲法一部，似以美國憲法爲藍本。總統一人，由普選出，而內閣則由總統任命。並於一八四八年十二月十日選出大總統。於是第二次共和，遂告完成矣。

四　一八七〇年之革命

法王拿破崙第三戰敗後，共和黨、自由帝制黨、社會黨，即於一八七〇年九月四日，宣布法國爲共和國，是爲第三次共和。是時巴黎被德軍圍困，此三派尚能切實合作。社會黨對於國防，亦頗盡力。

一八七一年正月，巴黎投降德軍，以使選舉國民議會。二月，以普選選舉國民議會，帝制黨竟佔大多數。國民議會旣與德國媾和，而內亂復興：蓋社會黨與工人合組一巴黎公社（Commune of Paris），以與國民議會對抗，公社者市政府之意也。

巴黎被圍，計有五月之久，城中非常混亂。當時，工人自組一中央委員會，以保護其利益，後與共和黨自衞軍組織之中央委員會聯合，而成爲巴黎市政府。更舉行城市選舉，以爲公社之助。巴黎公社，始於一八七一年三月，終於五月。

公社中之份子，計有兩派，一爲急進之中等階級，一爲工人，而後者又有馬克思社會黨與蒲魯東無政府黨之區別。各派所以能團結者，實由於感受共同之痛苦。當時，工廠停歇，工人失業，加以忽然解散大批軍隊，失業者更多。而政府又復下令繳納租金，並停止自衞軍之工資。此項工資，雖僅每日一佛郎又半，但大多數工人，則恃以爲生。益以國民議會爲帝制黨所操縱，尤爲各派所痛惡，

巴黎公社遂向國民議會宣戰，並宣稱巴黎爲自由獨立之城市，法國國家，應採取鬆懈聯邦政體，以自治之公社爲單位。國民議會即調遣軍隊鎭壓，圍攻幾及兩月之久，始將工人之抵抗摧毀，巴

黎民衆被軍隊屠殺者，約兩三萬，而公社遂消滅矣。但有一部分之法國工人，追思往事，悲憤塡膺，遂走向極端之急進主義。

一八七一年八月，國民議會制定立憲法 (Rivet Law)，一面以制憲權授於自身，一面以總統授予帝制黨領袖第越氏，令其對議會負責。所謂負責者，即國民議會中之多數可以令其去職之謂。當時議會中對於君主與共和之爭，亦頗激烈。議員共計五百人，屬於帝制派者約三百人。就表面觀之，帝制派似應佔勝利，國體應定爲君主。但帝制黨人，復分爲三派，各有擁戴，各不相下，君主政體，竟不能實現。

一八七五年，國民議會制定憲法三部分，一在正月，一在二月，一在七月，均關係於公權之組織。憲法上之規定，不重理論，而唯以應付實際問題爲其唯一之準則。依照一八七五年之憲法，立法權屬於國會，而國會又分爲兩院，一爲衆議院，由直接之普選選出，任期四年；一爲參議院，任期九年，由間接選舉選出。行政權屬於大總統，任期七年，由兩院合組國民議會選出。大總統之權能，頗爲寬泛。但在實際上，其權能之行使，須有閣員之副署，方能發生效力，而閣員又須對國會負責。以故法國國會，就立法與行政言，實為最高機關。自一八七〇年至一八七九年，第三共和國之國體基礎，恆在風雨飄颻之中。蓋當時帝制黨之勢力頗大，恆欲改共和為君主，而共和黨人則極力反對，結果江伯達(Gambetta)所領導之共和黨，於一八七九年完全取得勝利。此後，共和黨之勢力日見擴大，而帝制黨則如江河之日下，無能為矣。

在第三共和國時代，私人自由亦取得相當保障。例如一八八一年之法律，（二十年後又加以修改）確定開會權與言論之完全自由。照此法律之規定，開會之先，不必取得政府之許可。同年，又通過一種法律，以擔保出版之自由：若僅發表可憎之言論或意見，不受處罰。其涉及誹謗或鼓動犯罪或登載虛偽消息者，則仍有應得之罪。一九〇一年，又宣布結社之自由：凡一切私人會社，其目的不違反法律或公安或道德者，均得成立，但事前須向官廳作一單簡之宣言，而舊教寺院則除外。至關於政治權利者，僅男子享受普選權，而女子仍向隅。在最近兩年來，女子參政黨漸漸趨於激烈，但距成功之期尚遠耳。

第五章　德國民權運動史

一　一八四八年之德國革命

今之言德國革命者，以一九一八年爲起點，實則德國革命尙有其悠久之歷史，一九一八年僅爲德國革命史中之第二幕，其第一幕在一八四八年。今述其大略於次。

一八四八年，法國第三次革命爆發，西歐各國爲之震動，而新勢力遂如異軍之突起，莫不欲以廢除舊制度爲急務。當時代表舊制度之勢力者，爲奧相梅特列（Metternich），專以壓迫與新主義與民權運動爲能事。德國受其壓制，垂四十年，以故一八四八年之擾亂，除法國外，首推德國。

德國、奧大利、匈牙利、意大利人民，咸受法國二月革命之影響，皆蠢蠢欲動，以傾覆梅特列之制度。一八四八年三月十三日，維也納（Vienna）城中學生結隊成羣，向市政廳前進，市民隨其後者亦衆，乃於街道上建立障礙物，實行暴動，並高呼「與梅特列俱亡」。西歐諸國，遂羣起響應。德國諸邦，如巴登（Baden）、吳爾登堡（Würtemberg）、巴維里亞（Bavaria）、撒克遜，亦起而暴動。柏林大震，乃有推舉代表要求國王立憲之舉。三月十八日，市民麕集於王宮外，警察欲驅散之，遂起衝突。革命份子，亦倣巴黎市民辦法，於街道上建築壁壘，以爲防衛。維廉第四不欲流血，遂允許召集會議，編定憲法。

一八四八年五月十八日，國民議會開會於佛蘭克何爾（Frankfort），議員六百人，由各邦選民舉出，其任務在編定憲法。佛蘭克議會不即着手於新政府之組織，而唯虛耗數月光陰，以從事於人權之規定。迨憲法將告成功，奧大利勢力，依然恢復守舊精神，於以復盛，遂聯絡德國南部諸邦，以摧殘新政。

佛蘭克議會雖遭奧大利之反對，仍能完成其制憲之任務。憲法上規定，應有世襲皇帝一人，由普魯士國王任之。維廉第四原本游移於新政與舊制之間，卒因柏林之暴動，轉而痛恨革命，又恐一旦稱帝，必爲奧大利所不容，而轉入戰爭漩渦；以故不肯接收國民議會所上之尊號，並否認憲法。國民議會徒虛擲一年之光陰，議員亦星散。奧大利力主恢復舊有之國會，德國遂復陷於四分五裂之局面中。

德國一八四八年之革命，雖未產生若何結果，而普魯士之憲法，則竟能成立。一八四八年，普魯士國王，因革命民衆爲法國革命所鼓動，而要求立憲，立予允許，遂於是年五月，召集憲法會議於柏林。會議主張廢止貴族及除去國王稱號上之天命二字。同時，城中工人亦作革命舉動，於六月十四日，圍攻兵工廠。普魯士國王大懼，退居坡支丹 (Potsdam)，並命會議移至布蘭登堡 (Brandenburg) 會議不從，遂被解散。一八四九年，普魯士國王另定憲法，另行召集一新憲法會議以審查之，於一八五〇年一月公布。此憲法遂爲普魯士國憲，達六十餘年，至大戰後德國革命時，始被廢止。

當時，普魯士新黨，頗希望民主政體之成立，迨君憲既已公布，莫不垂首喪氣。以內閣言，則祗對於君主負責，以國會言，則大多爲貴族、官吏、與富人之代表。普魯士國會中之兩院，一曰貴族院，以親王、貴族、國王特任之終身貴族、大學代表及巨城之知事等組織之；一曰代表院，以人民選出之議員組織之。而一切法案，須得國王之許可。若國王對某議案不滿意，則得嗾使其所操縱之貴族院，以拒絕該法案之通過。普魯士下議院，即代表院，雖在表面上由男子普選選出，而其所代表者，實爲寡人政治，非民主政治，蓋因普魯士採行間接選舉之三級制（three class system），富人之勢力特大，而貧民之權力則極微弱。凡年滿二十五歲之男性公民，皆有選舉權，但僅能選出初選人，再由初選人選出議員，因下議院採間接選舉故也。第一級爲富人，人數甚寡，其「納稅之財產」，達全社會總額三分之一者，得共選舉初選人三分之一。第二級爲中等階級，人數較多，其財產達總額三分之一者，亦如之。第三級爲平民，人數更衆，亦僅能選出初選人三分之一。因此，偶有富人一名，其財產苟能達總額三分之一，則其一人之選舉權，竟可與全部平民相埒。

二　一九一八年之德國革命

歐戰告終，約在一九一八年十一月。是月九日午後一時半，有若干汽車，馳騁於柏林街道上，散發傳單，宣布「政權已轉入人民手中」，實際上，德國各地，亦發生同樣之革命運動。德皇維廉第二為革命運動所威逼，即離開柏林，逃往荷蘭之阿美洛根（Amerongen），於十一月二十八日，發出退位之書。實則在德皇離開首都之前，首相馬克思親王，迫於社會黨之要挾，即已為維廉發出遜位文告矣。社會民主黨之多數派，遂組織臨時政府，宣布共和，並推舉額伯特（Ebert）為臨時大總統。

一九一八年十一月九日，柏林工兵會之代表，社會民主黨之多數派，及斯巴達西黨（Spartacists）之代表等，在帝國議會內召集開會，討論組織臨時政府之方法，結果出席各代表，均贊成建立一人民委員會，執行委員會委員十六人，又一執行委員會委員六人，並議決於翌日召集工兵代表大會，工兵代表人數，每千工人推舉代表一名，每營兵士推舉代表一名。臨時政府，遂由此草草成立矣。

臨時政府成立後，即在韋瑪爾（Weimar）召集國民議會，起草憲法，以建立一德意志聯邦共和國為目的。其時巴維里亞與萊因，企圖獨立，不成，遂加入新德意志共和國。昔日奧國治下所殘餘之德意志民族，亦實行加入，而為巴黎和約所梗阻。他方面，新德意志為戰敗之國家，國土被佔領，軍備受限制，海外殖民地被刼奪，軍艦商船被沒收，並須賠償軍費一三二〇億金馬克。同時，原料缺乏，石灰與糧食亦感不足。工場活動與海外貿易均不易恢復。馬克價值一落千丈，幾成廢紙，物價因而騰貴，人心惶惶，無以自保。軍閥餘孽乃乘機作亂，主張國家之復興與鞏固。一九二〇年一月，該派領袖卡普（Kapp）即在柏林舉行反革命動作，企圖推倒政府。臨時大總統額伯特，與其他當局，竟逃往他處，以避其鋒。最後，額伯特赴德意志之南方，一面聯絡全國官吏與工人，令其同盟罷工，以抵制反革命政府之成立，一面率領軍隊，以圖反攻。結果卡普不敵，額伯特乃得再返柏林。

德國社會民主黨既平極右派卡普之亂，復受極左派之攻擊。所謂極左派，即斯巴達西黨是也。若輩反對額伯特所召集之國民議會，主張無產階級專政，資本家、地主、以及貴族，均應劃除。若輩更主張倣效俄國布爾塞維克（多數黨）革命，採取直接行動，罷工，騷亂等方法，以實現其目的。因此，若輩即與布爾塞維克黨聯絡，並號召國內工人罷工。一九一九年一月六日，柏林大起暴動，各城市聞風響應。當時斯巴達西黨黨魁，爲李卜克內西（Karl Liebknecht）與盧森堡女士（Rosa Luxemburg）兩人。在暴動時期中，李氏親在柏林街道上演說，以鼓動羣衆，唯不汲汲於領導羣衆向社會民主黨之薄弱軍隊進攻，以致坐失時機，殊爲可惜。嗣後，二氏被逮下獄，一死於獄中，一移解他獄，死於途中，均爲社會民主黨腦意暗殺。二人既被殺，激烈運動，隨卽平息，而斯巴達西黨勇往直前之心，則愈加堅決，以故値國民議會開幕之時，意圖再起實行搗毀，但以政府防範綦嚴，而又無強有力之領袖爲之主持，竟不能有絲毫之成功。

一九一八年十一月三十日，人民委員會公布憲法會議選舉法及開會日期。此項選舉，應以普及、直接、平等、祕密爲原則，並施行比例代表制。凡公民在二十歲以上者，無論男女均有選舉權，兵士亦可投票。憲法會議代表，共四百三十名，每十五萬人出代表一人。代表之選舉，以分區舉行之。全國共分爲三十八區。選舉日期，原定一九一九年二月十六日，嗣因時局不靖，遂提前至一月十九日。

選舉結果，社會民主黨得六百十五席，中央黨（天主教黨）九十席，德意志民主黨七十五席，德意志國家人民黨四十二席，德意志人民黨二十二席，獨立社會民主黨二十二席，巴維里亞農民聯合會四席。女子當選者有三十七名。以社會民主黨佔大多數。在各政黨中，以德意志國家人民黨（或稱國民黨）爲極右，因其由舊日保守黨蛻化而來故也。德意志人民黨爲代表銀行界及大商家之政團。至於中央黨、民主黨、社會民主黨，則跨於右左之間。獨立社會民主黨，略帶社會主義色彩，可稱爲德國政黨中之左派。

新產生之憲法會議，即於一九一九年二月六日，在韋瑪爾開會。會期僅延亙數日，結果通過臨時約法一部，並議決由各黨選派二十八人，組織一憲法起草委員會。六月草案成立，七月三十一日，憲法全部通過，八月十一日，由大總統額伯特簽名公布。德意志新憲法，即由此成立矣。

德國新憲法，共一百八十一條，茲將其特點分述於次。

（一）關於政權之組織者。立法屬於國會，以兩院組織之。上院沿襲舊制，代表各邦，每邦祗有一權。但其在立法上之地位，則較前低落，徒備顧問而已。下院代表人民，握有立法全權；而人民對於立法，亦得行使其創制權與複決權。下院通過之法律，大總統認爲有不適當時，得交付人民複決之。至於行政方面，有大總統，有內閣，一切政務，悉由內閣負責。大總統由人民直接選舉，任期七年。德國司法，完全獨立。除普通法院外，尙有行政法院，專理行政訴訟。

（二）關於人民權利者。男女所享之權利，毫無軒輊，完全平等，此爲德國新憲法之特色。舊日貴族之特權與勳位等完全取消，以期社會地位之平等。至於私人自由，絕對不許侵犯。私人住宅，非依法，絕對不許侵入。通訊與出版，均能享有法律內之自由。一切郵信電信，除電影外，均不受檢查。其他如結社權、集會權、作官權、信教自由等，皆有規定。

(三)關於聯邦與各邦之關係者。舉凡外交、殖民事項、國籍、旅行、居住、移民出入、移民引渡、國防組織、幣制、關稅、郵政等事，均屬於聯邦政府之範圍內。其他事項，如民法、刑法、訴訟法等，聯邦政府亦得管理之。其不歸聯邦政府行使之職權，則統屬於各邦。各邦法律，與聯邦法律抵觸者，一概無效。

(四)關於經濟事項者。德國新憲法，關於國內經濟生活之規定，頗為詳細，為美法各國憲法所無。私人財產權，為憲法所承認。農工商中等階級，均受國家之保護。同時，土地之使用與支配，亦受國家之監督。又地價之增漲，不由地主之勞力而來者（即 unearned increment），應收歸國有。鑛產與天然力，概由國家管理。聯邦政府得管理一切經濟貨品之生產、分配、使用、定價與進出口等。產業社會化，憲法上亦載有專條，唯不易推行耳。

他方面，勞工受國家之特別保護。凡不能覓得工作者，國家應為設法，維持其生活。每一工廠之工人，得組織一工人會議(Arbeitergemeindschaft)，每一區域之工人，得組織一『地方工人會議，』再由各地工人會議合併爲全國工人會議，以保護工人之利益。但高級工人會議，迄今尚未成立。地方工人會議得與資本家之代表聯絡，組成地方經濟會議與全國經濟會議。

德國經濟會議，以勞資合作爲原則，其職務與過去實際工作，爲一般人所注意，茲略述於次。

全國經濟會議，在於發表工業需要之意見，以備國會之顧問。如內閣欲提出一經濟議案於國會，應先將此議案交付經濟會議討論。政府雖不受經濟會議意見之拘束，但有必須交議之義務。經濟會議，經由內閣之媒介，得提出經濟法案於國會，內閣對於該法案，無論贊成與否，必須將其提出，以符法律之規定。

憲法上規定之各級經濟會議，尚未完全成立。已經成立者，祗有一臨時經濟會議，其職權與組織，與憲法上所規定者相符，但無提交議案於國會之權。至其組織，本以平等爲原則，所謂平等原則者，即每一工業之僱主與工人，皆得推選數目相等之代表，以出席於經濟會議。目下該會議，由十集團組織而成。爲首之六集團，代表農業、工業、商業、運輸、手工業，此六業代表之支配，除農業與手工業外，悉根據平等之原則。其餘之四集團，爲消耗者、官吏、自由職業者（members of liberal profession）與政府指定之官吏。組織經濟會議之本意：在使一職業與他職業相牽制，同時，關於僱主、工人與有關係各階級之平等原則，亦應實現。但其結果則生產階級佔重要地位，而經濟會議，遂變爲生產會議，與職業（Berutstände）代表之原意，大相徑庭。該會議代表之大部分，均自生產階級（農業、工業、商業）選出，而官吏、醫生、律師、教員、大學教授等之代表則不充分，不與其社會地位之重要相符。

經濟會議辦事手續，以分工爲原則。工作之大部分，由各委員會擔負，所以便於專門家之研究也。並得於必要時，徵求外界之意見。在每一委員會中，僱主與工人，推出數目相等之代表，而消耗者與政府指定之官吏，亦得舉出若干代表，參加其中。經濟會議之職務，在給予政府與國會以專門性質之指導。但此種指導，須經過長時間之研究與準備，方能達於完善。他方面，政府諮詢會議，每每在議案已爲政府各部起草完竣與內閣承認之後。在此階段，政府急求議案之實施，不願多所修改；而各部起草議案時，僅僅諮詢其自備之專門家，而不請教於經濟會議。因此，經濟會議，已失其存在之理由。

事實上，經濟會議已無何等威力，並有認定其爲駢枝機關，徒耗公帑者。經濟會議對於戰後經濟問題，亦未能立着先鞭求其解決。政府在解決此種問題時，自須與專門家磋商，但政府之諮詢若輩，並非以其爲經濟會議之會員，而實以其爲工商界之代表。目前工商界代表之指示，較經濟會議之意見更爲有效。

韋瑪爾憲法會議中，以社會民主黨佔多數，故其所產生之憲法，頗帶國家社會主義色彩。但關於保護勞工與工業社會化，仍爲『死字』(dead letter)，其實施憲法上經濟條文之中心機關，——全國經濟會議——亦無若何勢力，政府亦不加以重視，適如上文所述（參看 A. Headlam-Morley, The New Democratic Constitutions of Europe, 1928, chs. 15, 16）。事實上，社會民主黨，曾自認爲工人之代表，但已脫離工人而與中等階級之政黨攜手，所謂工業社會化，保護勞工，徒託空言而已。新德意志在經濟上之民權運動，尚有待於將來也。

第六章　俄國民權運動史

俄國第一次革命，始於一九〇五年，終於一九〇七年，在此時期中，革命之目的，在取消農奴制度及肅清社會上一切封建殘餘，以便生產力之迅速發展。當時，一般平民，需要取消大地主之私有土地，需要驅逐掌握政權之地主官僚，需要推倒以壓迫為職志之察汗（tsar）專制政權。此次革命基本動力之一，厥為農民。所謂推倒地主，取消對於農奴之壓迫，以及推翻地主之專制制度，皆有利於農民。他方面農民極欲奪取地主之土地，以發展其私有經濟。此時，農民祇希望改善與鞏固私有經濟條件，而不希冀社會主義之到來。但對於農奴與地主制度，則希望將其徹底肅清，以故一九〇五年至一九〇七年之俄國革命為中等階級性之農民革命。

在革命爆發前，農村經濟幾全在大地主掌握之中。普通農民，每人祇有土地三俄畝（約合中國十八畝），而地主之土地則達數十萬俄畝。據當時可靠之統計，地主擁有三萬俄畝者，共計有七百人。其土地之總數大於六十萬小農之土地三倍。大地主所有之土地，佔全俄地面總額四分之三，而自己耕種之土地，則僅佔五分之一。地主利用廣大之土地，更用半農奴制度，以剝削農民。當時農民使用土地須納極高之地租。有時，地主強迫農民實行平分制：農民以自己之工具，耕種地主之土地，即以出品之半數奉獻於地主。又或由地主手中領取一小塊土地，即攜帶自己之工具至地主之土地上，爲地主作長時間之工作。

地主對農民之殘酷剝削，使農村經濟不能發展，農民日就貧困，甚至農民用爲耕種之家畜，亦逐漸減少，而貧農數目則逐步增加。自一八八八至一八九九之十年中，在歐洲俄羅斯之五十省內，馬匹由一九、六〇〇、〇〇〇，減至一七、〇〇〇、〇〇〇；有角獸由四三、六〇〇、〇〇〇，減至二四、五〇〇、〇〇〇。又在同一時期中，無馬之農民，增加百分之二十二，祇有一馬者，增加百分之二十五，而馬匹愈多者，則其數目愈減少，握有六匹馬之農民，幾減少百分之六十。因此，農民陷於窮困，遂與地主發生根本衝突，此爲首次革命之主要原因。

自一八六一年農民解放以後，俄國不僅爲一農業國家，不僅爲一大地主國家，而且成爲一大工業國家，在十九世紀末葉之三十年中，俄國資本主義正處於發展之過程中。大資本主義之企業與大廠主不一而足。工廠之大者，可容工人數萬。一八九〇至一八九九年俄國生鐵之出產，超過法國與比時利，及至二十世紀，則居世界生鐵生產之第四位。同樣，熟鐵、煤、煤油之生產，皆超過英美各國之總額，因此工人之數目，亦有巨大之增加。十九世紀末在九區城中有工廠一二、〇〇〇處，工人數目，超過七六〇、〇〇〇。其中有百分之七十二，完全脫離農村經濟，專從事於工業上之工作。換言之，十九世紀末，俄國社會之發展，適足以促進工人數量之增加與其團結之鞏固。

在二十世紀初葉，工業上傭傭之工人，已達三百萬，均爲眞正產業工人，其與農村之關係，逐漸斷絕，唯依賴企業家之工資以爲生活。至其對於野蠻農奴制度之取消，資本主義之迅速發展，與專制政府之推倒，皆極願意。同時，工人羣衆之覺悟，亦逐漸提高，而發生罷工運動。二十世紀之罷工風潮，更形擴大，且帶政治性質。

在二十世紀初葉，工人運動中最普通之形式，爲政治示威。其時，工人受社會民主黨之影響，提出明顯之政治要求。盈千累萬之工人羣衆，手執赤旗，唱革命歌，高呼革命口號，屢次與警察軍隊相衝突，尤以一九〇二至一九〇三年之罷工爲最激烈。察汗政府，僱傭大批警察與憲兵並禁止一切集會結社之自由但竟有數千工人，在勞斯託夫城外聚集，舉行露天大會會場上雖有軍警圍立四周，而演講諸人竟發言反對專制政府，以推倒專制相號召，結果，與軍警發生衝突。一九〇三年，南俄總罷工，其發動本以巴庫 (Baku) 煤油爲背景，但不久即漬染政治色彩，蔓延南俄各地。在此次運動中，曾舉行多次示威運動，與軍警發生衝突。最後，政府爲制止工人運動計，創設警衛局，再由警衛局局長組織合法工人運動，以圖抵制。

農民之痛苦與工人之革命運動，既如上述，而俄國知識份子，亦不滿意於政府之專制。當時知識份子又分爲二派，一曰虛無主義者，一曰恐怖主義者。屬於虛無派者，以學生與教師佔多數。若輩以爲推倒專制，必須喚起民衆，以故有自願至農民中宣傳革命者，但知識淺薄之農民，竟以若輩爲叛逆，甚至有將其捕獲送交警署者。激烈份子領袖巴枯寧 (Bakunin) 主張廢除政治上與經濟上之階級，男女絕對平等，廢除遺產制，人人各自食其力，凡勞動品如土地等以及其他之資本，均收歸社會公有。同時，知識份子又採用暗殺手段，以反抗政府之橫暴。

一　一九〇五年之革命

一九〇四年，日俄宣戰，結果俄軍敗北，遂引起全國人民對政治之不滿。同時，社會民主黨在工人中之影響亦已增加，而政府所建立之工人組織，亦限於困難地位，不能完成其破壞工人革命運動之任務。當時聖彼得堡與莫斯科，有許多人民手執『打倒獨裁政治』與『停職』旗幟遊行示威，鼓動羣衆革命。同時，聖彼得堡之工人，因廠主開除工人，憤極罷工。罷工者之數目達十五萬人。俄國官立勞働會會長格奔（Gapon），迫於工人之要求，提議向察汗請願，工人從之。請願目的，不僅限於經濟上之要求，並要求察汗召集立憲會議與容許一切政治自由。一九〇五年一月九日，即有成千累萬之工人，手執宗教旗旛、神像與皇帝肖像，並歌唱『上帝保佑察汗』，諷誦祈禱文，在格奔領導之下，向皇宮移動。此項遊行，顯然帶有宗教性質，羣衆既未高舉赤色旗幟，亦未呼革命口號，當不相信遭軍隊之屠殺也。殊不知一近皇宮，軍隊即開鎗向羣衆掃射，飲彈倒地之工人、婦女與小孩，比比皆是。傷者約千人，死者約兩百人，是謂赤色星期日。當工人被騎兵衝殺時，亦有用槍、石、木棍等回擊騎兵者。自慘案發生後，革命羣衆非常憤激；其對於察汗之迷信，始由此打破，成為於革命之大路。

自赤色星期日起，革命風潮，遍滿全國。俄京市民，建築障礙物，與官軍對抗，產業都市之工人，則同盟罷工，與政府爲難。社會民主黨更組織許多工會，以要求改良工人之待遇與製定憲法。又在俄京聖彼得堡組織工人代表大會作爲幹部，以號召全國之工人運動，斯爲蘇維埃之始。

農民運動，在一九○五年一月業已開始發展，及至三月，一方面受察汗政府軍事失敗之影響，他方面又爲工人革命運動所激刺，遂含有革命性質，其範圍亦從此擴大，包括俄國中部、波蘭西部、高加索及波羅的海沿岸一帶地方。參加此次之農村運動者，不僅限於農民，而且有農村中之工人，因而發生罷工風潮。俄國中部之農民運動，多係自然爆發，在開始數月中，燒毀地主之住宅，踏害地主之禾苗，砍伐地主之森林。在一九○五年春夏之季，俄國農民運動，蔓延二十六縣。

七月三十一日，俄國農民在莫斯科秘密舉行第一次全國代表大會，並在各區域成立分會，其所討論之中心問題，厥爲土地之分配，但亦有提出召集憲法會議之要求者。彼時之農民協會，尚非廣大農民羣衆之組織，加入協會者，亦祇限於農民中最有政治覺悟之上層份子。而整個之農民運動，則仍以經濟性質之問題爲基礎。

九月二十五日，莫斯科印刷工人罷工；未幾，麵包工人又繼起罷工。罷工風潮，遂蔓延於各處。於是鐵路罷工，電報罷工，郵政罷工，繼續發生，竟釀成十月總同盟罷工。察汗政府，雖於十月十七日發布宣言，允許一切主要自由與召集國民立法代表會議，終歸無效，而十月政治罷工，竟能實現。參加此次運動者，不僅勞働羣衆而已，並有自由中等階級表示同情。

十月總政治罷工，又復取得農村中農民運動之響應。秋季農民運動，其所包括之範圍，比在春季內大三倍。地主財產，被其搗毀。據當時不正確之統計，地主住宅被搗毀者達兩千所。地主損失達三萬萬盧布。於是地主與貴族，均相率離開鄉村。在高加索之農民運動，顯然含有政治性質；完全在社會民主黨影響之下。農民運動與中心城市之工人發生密切之聯繫。十月十七日全國農民舉行第二次代表大會，其所提出之經濟問題，比第一次大會更加革命化，政治要求，亦更爲激烈，更爲堅決。

察汗政府，對於此次事變，一面表示退讓，以和緩革命潮流，一面則以武力鎮壓不接受退讓之羣衆。結果，有若干自由中等階級之領袖離開革命戰線，而處退守之態度。其餘之工人則仍前仆後繼，不稍退却，遂遭受察汗政府武力之摧折。當時，俄國專制政府，除發表十月十七日宣言外，更於同月三十日發表第二次宣言，其要點如次：（一）未經議會通過之法律不能發生效力。（二）允許人民對於官吏有監督權。（三）承認人民有言論、結社、與信仰之自由。（四）修正以前之選舉法，實行普通選舉。自宣言發出後，察汗卽下令罷免首相波俾多諾塞夫（Pobyedonostsev），而以維特（Witte）代之。蓋前者爲人民所怨恨，後者則屬於自由派。察汗此舉，足以解釋一部份人民之疑惑。而革命運動，既受政府懷柔之影響，復遭武力之摧毀，遂漸漸趨於消沉矣。

一九〇六年四月二十七日，第一次國會在冬宮開會，議員五百二十四名，均屬於非政府黨。國會提出釋放政治犯、廢除死刑、承認芬蘭自治等要求，察汗悉置之不理。其次關於土地案，國會主張將皇室與大地主之土地，分給農民，而政府則反對之，遂與察汗又相衝突。國會乃議決不信任內閣案，但內閣並不辭職，國會主張責任內閣職，察汗不以爲可，並於七月九日，解散國會。迨新國會成立，政府黨仍佔少數，而議員攻擊政府與官吏，較前更爲嚴厲，並反對獨裁政治。察汗對於議員，加以叛逆罪名，即將國會解散。同時，俄皇更修改選舉法，減少平民之代表，以增加貴族與地主之代表。嗣後，國會中保守黨佔多數，唯察汗之命是從。

二　二月革命

察汗政府，自經一九〇五年革命後，表面上雖允許人民之自由，以和緩革命運動，但實際上，仍施行殘酷之壓制。譬如組織懲辦隊，即其明證也。革命黨被若輩屠殺者，不可數計，尤以波羅的海沿岸爲最慘。察汗更頒布戒嚴法，允許地方長官，得以便宜從事，以束縛人民行動自由。又復施行出版法，任意廢止刊物，以束縛人民思想與著作之自由。因此，人民對於政府，極端仇視，然以處於積威之下，徒喚負負而已。及至歐戰時期，政府之威權日大，貪官污吏，藉口戰事緊急，故意妨害糧食之流通。以致某地極感糧食之缺乏，而某地則倉盈廩實，無法輸出；政府官吏，遂得乘機牟利，以飽私囊。俄國本爲農業國家，然而竟不能免於饑荒者，實貪官污吏之所賜也。各大城市，饑荒尤甚，甚至有排列成行，鵠候五小時，始能購得少許麵包者。一九一七年二月十七日，政府召集國會，而國會則首先提出糧食支配案，要求將糧食由地方團體經理，政府不許，並欲下令停止國會。國會中各派系，始知和平革命之不可能，遂協力反抗，革命即由此而發生矣。

俄京彼得格拉（Petrograd）缺乏糧食達於極點，市民再難忍受，因於三月八日，値市內各工場罷工，結隊遊行於街市，高呼『給我麵包。』益以饑民之附和，人數愈衆，遂有搗毀麵包店之舉。九日，礮兵工廠之工人，繼起參加，形勢益加嚴重。軍隊鎭壓無效，交通機關亦停止一部份。十日，軍警向示威之羣衆開鎗，人心愈加憤激，政府更拘捕私行集會之工人代表十一日，下議院勞工議員，攻擊政府處置失當，不料竟因此觸政府之怒，遂被停會。同時，政府更以騎兵壓迫工人，屢起衝突。於是罷工風潮，一變而爲革命運動矣。

下議院旣被停會，仍照常開會，同時民衆革命運動，亦趨激烈，竟敢以武器抵抗軍隊，互有死傷。嗣後益以官軍之倒戈，革命黨人，遂佔領俄京各公署與各要塞。下議院議長羅增科（Rodzianko）乃組織下議院臨時委員會，自稱委員長，暫維秩序，以待新政府之產出。臨時委員會更召集工人與兵士，組織工兵會，即彼得格拉蘇維埃是也。一切政務，均由臨時委員會與工兵會協議辦理。十五日，臨時政府成立，以公爵李窩夫（Léuv）爲總揆，克倫斯基（Kerensky）亦入閣。閣員之中，以立憲民主黨佔優勢。其施政方針，對外仍繼續戰爭，對內則大赦政治犯宗教犯，允許出版自由，施行普通選舉，舉行地方自治等。更將察汗幽禁於察斯科耶色洛（Tsarskoe Salo）宮，三月革命，遂由此告終。

三　十月革命

俄國三月革命，以其性質論，實爲中等階級革命，其所採行之政策，一以中等階級之自由主義爲標準，詳情見前。中央政府自三月成立後，除繼續對德戰爭外，無絲毫建設，對於人民之疾苦，則早已置之腦後矣。而且中樞內部之大員，互相傾軋，互爭政權，其行動日趨反動，遂與革命黨人以可乘之機。當時所謂革命黨人，即布爾塞維克是也。該黨原以四事相號召：一曰全權歸蘇維埃，二曰停止戰爭，三曰土地歸農民，四曰工人管理工場。一九一七年六月以後，臨時政府對於國內急切問題，毫無解決方法，於是舉國民衆，漸受布黨宣傳，漸爲所化。傾向布黨者，有工人，有農民，有軍隊，有極廣大之羣衆，而布黨革命計畫，乃得逐步實現。

工人。九月初，彼得格拉舉行市會選舉，布黨所得票數，較六月所獲者多兩倍，而社會革命黨與孟塞維克黨，則失去大半。其他城市，亦有同樣情形。至十月末，工人傾向布黨，較前益甚，每値選舉，殊不願意舉布黨以外之候選人。同時，代表工人利益之蘇維埃，亦痛恨克倫斯基政府，祇顧及中等階級之利益，卽於九月末，迫令克氏辭職，推舉脫落次基（Trotzky）爲委員長，並議決數事：（一）推翻克氏反革命政府，（二）聯絡各地蘇維埃向其進攻，（三）首都蘇維埃應令行工人與守備隊，勿得擁護反革命之克氏政府，（四）全俄蘇維埃應本民主精神，建立眞正革命權力。各產業中心之蘇維埃，亦有同樣決議。

農民。農民對於土地之要求，非常迫切。一九〇五至一九〇七年之革命，實以農民爲主要動力之一，前已言之。自第一次革命失敗後，鄉村中之農民革命，逐步加多，其目的單在推翻農村中之貴族制度，平均分配土地。三月革命成功後，中等階級之俄國政府，對於土地問題，祇以欺騙農民爲原則，故意遷延，不予解決，而農民遂由失望而趨於憤激。至九十月之交，農民深知欲求土地之解決，須以自身之權力行之，遂焚燬地主住宅，刼掠財產，分配土地。克氏對此問題，不謀根本解決，而唯派遣懲辦隊，捕殺農民，結果農民遂傾向布黨。

軍隊。在七八月之際，前敵軍隊，尚有爲政府撲滅布黨者，但布黨在軍隊中之勢力，反日見擴大。「布黨黨員竟成爲軍隊中之主人翁，下級士兵委員會漸漸成爲布黨之細胞；軍隊中任何選舉，布黨悉佔多數，長官威權，永遠墜地。」十月末，冬季將臨，兵士苦於無衣無食，遂向政府提出：（一）即時媾和，（二）肅清司令官員，（三）廢止對於布黨之壓迫，（四）輸送布黨報章至軍隊中，（五）建設革命政府，（六）各機關之組織，應以布黨綱領爲基礎，（七）分配土地，（八）廢除死刑。軍隊中下級委員會中之份子，至十月末，幾盡爲布黨黨員。

十一月四日，布黨組織之軍事革命委員會，迫令俄都衛戍司令部移交，不從，而各守備隊則附和布黨；克氏政府，即調遣前線軍隊，回京平亂。不料回京之兵士，爲布黨所運動而叛變。政府仍希圖以武力解散布黨機關，結果發生巷戰。七日晨，赤衛軍佔領電話公司、鐵路停車場、電報局等。首都交通機關統行入於布黨手，而政府各機關，均先後爲布黨佔領。克倫斯基乘間逃亡。十月革命，遂宣告成功。布黨得勝之日本在十一月七日，然猶稱曰十月革命者，係用俄曆故也。

十一月七日晨，開第二次全俄蘇維埃大會，議決將全部政權交與工農代表大會卽蘇維埃。翌日，又設全俄中央執行委員會與人民委員會，前者在蘇維埃閉會期中代行職權，後者掌握行政大權。人民委員會成立後卽頒布要求停職文告，收沒土地（哥薩克農民土地不在內），收沒股份組織之大工廠，交由工人會議管理與經營。每日作工時間，定爲八小時。工資之多少，隨時由政府決定之。

一月二十七日，第三次全俄蘇維埃大會，通過蘇維埃中央執行委員會所擬定之作工者與被剝削者權利宣言，並規定以此項宣言爲蘇維埃共和國憲法之基礎。其大意如左：

（一）俄羅斯現爲一工農兵蘇維埃共和國，中央與地方之行政全權，一概交與蘇維埃掌握。

（二）俄羅斯蘇維埃共和國，爲自由民族之自由結合，爲許多共和國之聯邦。

(三)廢除私有權，凡含有公共價值之森林、鑛產、水道以及農具家畜、田地農場等，一概收歸國有，作為國家財產。

(四)工人有監督權，以工場、鐵道、鑛山收歸國有。

(五)一切銀行，收歸國有。

(六)俄羅斯蘇維埃共和國國民，均有作工之義務。

(七)組織工人之紅軍，解除中等階級之武裝。

(八)廢除祕密外交獎勵世界各國工農間之相互交歡主張無併吞無賠款及民族自決之民主原則。

(九)打倒對於弱小民族與殖民地之壓迫。

(十)取消一切國內外公債。

就以上之宣言觀之，顯然為推翻資本主義與中等階級制度之基本原則。

蘇維埃社會主義共和國聯邦，或簡稱蘇聯，為一種聯邦組織，現由六蘇維埃共和國組織而成，其大者爲俄羅斯社會主義聯邦蘇維埃共和國。此外尙有九自治共和國與十四自治州。以故蘇聯爲一複雜聯邦國，包有許多國家與自治州。蘇維埃政府之最高機關，爲全聯蘇維埃大會。此大會之代表，由省蘇維埃大會與市蘇維埃大會選出，每省得按照省民十二萬五千選舉代表一名，每市按照市民二萬五千選出代表一名。在全聯蘇維埃大會閉會期內，其職務由全聯中央執行委員會行使。中央執行委員會，由全聯會議與民族會議組織而成。全聯會議每年由全聯蘇維埃大會按照各共和國人口，選出四百四十人組織之。民族會議爲保障共和國權利之機關，由蘇聯中之各邦及各自治共和國之代表組織而成。每聯邦共和國派代表五人，每自治共和國派代表一人。民族會議委員，必須經全聯蘇維埃大會通過，始能就職。中央執行委員會中又有兩常設機關，與全聯會議及民族會議相對立，且其權力較大。一爲全聯中央執行委員會之常務委員會，一爲全聯人民委員會。前者於中央執行委員會閉會期內代行其職權，後者相當於內閣。此爲蘇維埃制度組織之大概。至中央執行委員會，不但爲立法機關，而且兼司行政，此爲近代無產階級國家組織上之特點。

第七章　日本民權運動史

一　民權運動之初期

日本民權運動，發端於明治七年，即西曆一八七四年。其時板垣退助、副島種臣等六人提出建白書於政府，攻擊有司（係指當時權臣）之專橫，主張建立民選議院。建白書中有曰：「竊維政權之所歸，上不在帝室，下不在人民，而獨歸有司耳。夫有司，上非不曰尊帝室，而帝室漸失其尊榮；下非不曰保人民，而人民日見其困苦。政刑成於私情，賞罰出自愛憎，言路壅塞，困苦無告。夫如是而欲求國家之治安，雖三尺童子，尚知其不可。長此以往，恐國家有分崩之患。退助等愛國之情，不能自已，乃以爲振救之道，在張天下之公議耳，天下之公議，在立民選議院耳。」云云。

此建白書爲日本民權運動之第一步。板垣本屬武人，向來主張擴大國權國威，而今忽以民選議院爲請者實則有懷抱耳。緣當時朝臣對於「征韓論」意見分裂；西鄉隆盛、板垣退助等武人派，力主出兵征服朝鮮，而文治派代表岩倉具視則力持反對，結果，板垣等以主張不遂憤而下野。板垣之提出建白書蓋欲藉以攻擊朝臣以洩憤耳。板垣更基於建白書組設幸福安全社與愛國公黨，以博取人民之同情，以指摘有司之專橫，而眞正之民權運動，遂從此開始矣。

自建白書提出後，日本輿論，如新聞雜誌等，皆同情於民選議院之建立，而反對政府。其時，爲政府辯護者，僅東京日日新聞而已，因有御用新聞之稱。而輿論之同情民權運動，亦有其歷史之關係。溯自明治維新以後，歐洲思想，如彌爾 (J. S. Mill) 之功利主義，邊心 (Bentham) 之自由主義，盧梭之民主主義，斯賓塞爾之個人主義，皆已先後輸入日本，加以提倡維新者皆少壯之青年，對於歐洲之民主思想極易受其感應。結果，若輩盛倡歐化，拋棄國內之舊習，於是解放「穢多非人」(極賤之人)，廢除嚴重之階級，禁止佩刀，改良司法制度，廢止刑訊等新政，次第施行。且間有提倡男女平權者，自明治六年至十七年間，日本之自由思想達於極點。而傳播自由平等之機關，如講堂、會堂、俱樂部，以及新聞雜誌等，一時林立。日人之被其感化，亦至深刻，甚至盧梭之極端民主思想，亦有歡迎之者。

政府對於板垣建白書，全不反對，良由岩倉、大久保、木戶、伊藤等，最近遊歷歐美各國，考察其政治之發達，急謀本國政治之刷新，以故對於建白書之宗旨，頗表同情，由左院（掌理建議請願之機關）作以下之裁答：『查建白書中所述之主義，殊屬良好，故已咨交正院（執行機關）審愼處理。且與內務卿熟議，已決定開地方會議，屆時，當妥爲協議』云云。

自板垣等建議設立民選議院後，海內大受影響，與論日益激昂。政府爲和緩民情計，乃容納木戶孝允之建議，於明治七年（一八七四）五月二日，公布議院法，規定每年召集地方官會議一次，議長由政府任命，議題由政府規定，殊不能滿足民黨之意。念未幾，政府興師臺灣，遂藉口國家多故，將地方官會議無限延期。參議兼文部卿木戶孝允憤而辭職，民情愈加鼓譟。益以興師臺灣無功，對清談判無結果，政府威信，大受損失，乃召開大阪會議，以羅致板垣，冀回復政府之威信。

大阪會議議決以下之妥協案：

第一，政府爲防止一二人之專橫，鄭重立法事業，且準備將來召集國會，設立元老院。

第二，爲鞏固裁判之基礎，設立大理院。

第三，爲通上下之民情，漸定立法之基礎，舉行地方官會議。

第四，爲鞏固君主親裁之制度，且避行政之混淆，使內閣分離於各省（卽各部），而諸元老在內閣任輔弼，舉第二流人物，負一切行政之責任。

板垣對於以上之妥協案，不肯讓步，仍堅持設立民選議院之主張。明治八年（一八七五），天皇頒布設立國會之詔勅，並羅致板垣入閣，以和緩激昂之民心。未幾，板垣因大久保專恣獨裁，施行壓迫政策，遂辭職下野。而民選議院運動，亦愈趨急劇，攻擊政府，亦愈猛烈。

明治八年，政府改正新聞條例，以束縛言論之自由，更施行殘酷之壓迫手段，以處罰新聞記者。但政府愈專制，人民愈怨望，不穩之象，充滿全國。其時大野鐵平所領導之頑固黨，倡亂於熊本；前原一誠等在長洲揭反旗，農民作亂於常陸、三重等地。明治十年（一八七七），薩州私立學校之學生團，刼掠政府兵器廠，擁戴西鄉隆盛，揭舉反旗。政府甚爲震駭，舉全力以平定之，而民選議院運動者，亦乘此機會，對政府下猛烈之攻擊。

西鄉隆盛之亂既平，民權運動者乘政府疲憊之際，愈加猛晉。板垣退助遂恢復其已經解散之愛國社。相繼而起者，更有熊本之相愛社，名古屋之羈立社，三河之交親社，雲州之尚志社，伊豫之公共社，土佐之合立社、南山社、岳陽社等，社團林立，遍於國內，而且互相聯絡，從事於開設國會之運動。明治十二年有二十餘社團，以愛國社同盟名義，集會於大阪，決議運動之方略。越明年，福岡之共愛社提出民選議院建白書於元老院。其餘各團體，相約於明治十三年，以愛國社爲中心，再集會於大阪，成立國會期成同盟會，開始一大示威運動。參加者有二府三十三縣（全國三府四十三縣），二十七社團，八萬七千人之百餘代表。議決同盟規約請願書而散會。旋政府頒布集會條例，對各政團社團加以嚴重之制裁，禁止聯絡通訊，以破壞大規模之民權運動。國會期成同盟會條陳新政意見於政府，政府不受理。

當時大隈重信與伊藤博文皆爲政府中心人物；前者善於投機，以民權運動之勢力甚大，遂陰與聯絡，以期壓倒薩長藩閥，而擴大自家之權威，並建議明治十六年爲召集國會之期。朝中大臣，如伊藤博文等皆持反對論調，大隈亦沮喪。嗣爲北海道開拓支廳事件，政府放逐大隈，其黨羽連袂辭職者有十餘人之多。大隈派之辭職，頗引起人心之紛亂，天皇遂頒大詔，宣布於明治二十三年（一八九〇）召集國會以鎮定之。

同時，板垣藉口開拓支廳事件，極力主張立憲政體以剷除官吏狼狽爲奸之弊，並演說組織政黨之必要。未幾自由黨竟因同志之努力而產生，選舉板垣爲總理，其政綱在於擴大自由保全權利，確立良善之立憲政體。而大阪立憲黨、九州改進黨、立憲改進黨，依次成立。

二 民權運動之劇烈時期

各政黨成立後，舉國政論漸盛，自由黨乘此機會，以圖擴張黨勢，遂游說各地，並攻擊有司之專橫。一八八二年三月自由黨黨魁板垣，以演說攻擊政府，被狙擊，該黨黨人認係政府所嗾使，愈加憤激；急烈份子，竟備置竹槍蓆旗，擬與政府決鬬。而政府方面以代表極端保守主義之岩倉具視爲中堅，亦欲藉此機會以撲滅政黨，——尤其是自由黨。同年六月政府改正集會條例，嚴酷壓迫政黨之一切運動。是年十二月，岩倉更欲廢止府縣會議（地方會議）以抑制民權運動之勃興，同月，政府頒布請願法規禁止府縣議員之聯絡集會及其往返通訊。又乘自由、改進兩黨交訌之際，改正新聞條例，拘束言論之自由。內務大臣又有任意禁止及停止發行新聞雜誌之權，並得沒收印刷機器。於是新聞雜誌在一月內停刊者有十三種之多；而主筆編輯人等，或處徒刑，或科罰金，亦復不少。

政府對於自由思想之高壓政策，一方面引起革命文學之勃興，以鼓動熱血之青年，他方而又給予保守官吏以捏作威福之機會，結果演出種種悲劇，遂成為明治維新時代之『恐怖時代』。（一）福島事件。福島縣自由黨員，憤縣長之強迫人民供給築路勞役與繳納役稅，遂煽惑民衆暴動。（二）自由黨員赤井景昭等組織天誅黨，以暗殺頑固之大臣為目的，結果敗露，赤井處有期徒刑九年。是為高田事件。（三）自由黨日比井上等糾合同志約三千，擬乘中山道『鐵路通車儀式』，狙擊顯宦，後因該儀式延期，不遂，乃於五月三日揭革命旗幟於妙義山麓陳場原。首先燒燬郡民痛恨之『生產會社』，搗毀松井田警察分署，更進而企襲高田兵營。一八八三年，又有加山波之暴動。其他反抗藩閥政府之壓迫與為自由主義而奮鬭之事件不一而足。在此數年間，日本民權運動之猛烈，實為以前所未覩。

三 憲政時代

在明治維新時代，新政府中最有力之人物，厥爲新進氣銳之少年。此輩多屬於極下層之武士階級；反對特權階級者，亦以若輩爲最先。且若輩久握政權，自家處於特殊階級之地位，以理度之，當亦不願放棄其特權而贊成憲政。若非板垣退助等於一八七四年發起民選議院運動，其後又加以自由民權主義者之激烈運動，則一八八九年憲法之公布，恐不易實現。

制定憲法之發端，在一八八二年三月。一八八一年，政府因北海道開拓支廳事件，發生內訌，且受外部猛烈之攻擊，甚感困難，乃奏頒一八八九年成立國會之詔勅，以求政局之開展。一八八二年，伊藤奉派赴歐美調查憲政，斯爲着手憲法之始。翌年歸國，即開始編制憲法，先由樞密院起草完竣，再經天皇躬自修改，至次年始告成功。天皇乃大會羣臣，宣讀其所賜予人民之憲法，並設宴慶祝。一八九〇年，第一期國會成立，斯爲憲政之開端。

日本國會分上下兩院，上院稱曰貴族院，下院由人民公選。凡日本國籍之男子，年齡在二十五歲以上，納直接稅十五元以上，居住選舉區內滿一年者，有選舉權；年齡在三十歲以上者，有被選舉權。選舉權既受如此之限制，當爲一般平民所不滿，遂有普選運動之興起。在憲法未頒布以前，日本民權運動，端在急求民選國會之實現，及國會既已成立，則轉而致力於選舉權之擴充。

四　普選運動之經過

日本普選運動，開始於一八九六年。當時熱心普選運動者，設立普選期成同盟會。一九〇二年，最初提出普選案於第十六期議會，爲多數議員所否決，其後又連續提出於第二十四期議會（一九〇八）、第二十五期議會（同年）、第二十六期議會（一九一〇）。在第二十七期議會內，曾經一度通過於衆議院，卒爲貴族院否決。此時期內之普選運動，可稱爲急進中等階級反對官僚、軍閥、地主之鬬爭，祇限於國會之內，無廣大羣衆以作後盾。大多數民衆仍無普選之要求，而封建勢力則仍强大，以故普選運動，不能取得勝利。

但在世界大戰以後，形勢一變。一方面，財政資本在經濟上之地位，日見鞏固，其支配政治之能力，亦隨之加大。別方面工人羣衆，因工業之進步，其勢力亦逐漸擴大，以爲自身之解放而奮鬬。加以感受世界革命潮流之影響，日本普選運動，遂有較新之發展。以前之普選鬬爭，其範圍較爲狹隘，祗限於國會以內，今則轉變爲一議會以外之羣衆運動矣。此運動之新方向以智識份子與工人爲主體，其對於普選之要求頗爲熱烈。

一九一九年二月十一日，舉行初次羣衆普選示威運動，參加之份子，有東京各大學生三千餘人。其後工人羣衆，亦隨之而從事於普選運動，向議會請願與示威。在一九二〇年第四十二期國會內，國民黨與憲政會各提出普選案，爲政友會內閣所反對，以致國會被解散。自第四十二期議會以至四十五期，政友會佔議席之多數，普選案自不能通過。至一九二五年第五十期議會，始由護憲三派（憲政會、政友會、革新俱樂部）之政府，以普選案提出於國會，作爲政府議案，結果通過。是爲現行普選法。普選案通過後之第三年，國會被解散，即於一九二九年二月，舉行第一次普通選舉。日本無產羣衆，遂於政治舞臺上表現其自身之力量。

無產羣衆既以其自身之努力取得普選權利，似可認爲滿意，但考其實際，則不如此。蓋因日本統治階級，於許可普選權利之中，仍施行種種限制，以抑止無產羣衆之政治運動。其限制有六。一曰限制選舉人之年齡。日本選民，須年滿二十五歲，未免過高，蓋在歐美各國，以二十一歲爲最高，而俄國則定爲十八歲。因此，有許多青年工人，皆被排除。二曰居住限制。在歐美諸國，除美國外，關於居住之規定，概以半年爲合格，而日本則定爲一年。因此，有許多尋求職業，遷徙無定之工人，不能取得選舉權。三曰缺格條項。關於缺格（卽無選舉權與被選舉權者）之規定，非常煩瑣，意在剝奪無產民衆之選舉權。四曰限制被選舉人之年齡。照日本法律之規定，被選人應滿三十歲以上。世界先進各國，無有以被選人之年齡，規定如此之高者，在俄國爲十八歲，德國爲二十歲，法美爲二十五歲。此種限制之目的，端在防止急進無產份子當選爲議員。五曰規定候選保證金。日本候選人，應準備二千元之保證金，在某種法定條件下，政府得沒收之。無產份子，欲謀候選者，殊不易得此巨款，以買得候選資格。六曰投票日不休假。歐美各國，投票日須放假，在日本則不然，且故意避迴星期日，以妨礙無產民衆之投票。

各無產政黨，以普選權仍受種種限制，遂提出左列之要求：

（一）年滿二十歲（勞動農民黨主張滿十八歲）以上之男女，均應有選舉權與被選舉權。
（二）居住年限，應即撤廢。
（三）保證金制度，應行廢除。
（四）取消缺格條項。
（五）投票日應休假，工資照付。
（六）擴大免費郵件之制度。
（七）言論及文書運動之自由。
（八）不在投票制度之確立。
（九）採用大選舉區制度。

五　最近之無產運動

在國會成立以前，日本之民權運動，可稱爲中等階級反對藩閥、官僚、地主之運動，而無產民衆不與焉。但歐戰終結以後，因日本之資本主義，既已於大戰期間成熟，遂有工人運動與農民運動之勃興及發展，而其實力遂漸表現於政治舞臺之上。指導此項運動者，爲日本之無產政黨。

明治時代，即有無產政黨之出現，不過徒有政黨之空名，如東洋社會黨、社會民主黨、日本社會黨，皆其例也。但此種政黨，既無羣衆作基礎，又不久即爲政府解散，遂如曇花之一現而已。眞正之無產政黨，始於一九二五年，其時，農民勞動黨方始成立，但成立僅三點鐘即被解散。一九二六年，無產戰線分裂，竟成立許多無產政黨，其大者有勞動農民黨（左派）、日本勞農黨（中派）、社會民衆黨（右派）、日本農民黨（極右派），皆具有全國之規模，其餘限於地方性質之無產政團尚夥，茲從略。該四黨中，勢力最雄厚者，首推勞動農民黨，但於一九二九年，因共產嫌疑被解散矣。

一九二六年，該四黨始成立無產政綱，且爲內部之衝突與組織工作所牽制，無暇作對外之鬬爭，至一九二七年，各黨對外皆有相當活動，尤以勞動農民黨活動最力，其成績亦頗優良，茲摘述於次。

第一，對國會之鬬爭。第五十二期議會，因普選案已通過，工農羣衆之政治意識，日漸發達，遂提出種種不利於無產羣衆之法案，如工會法，兵役法，宗教法等，以預防工農羣衆之政治活動，因此引起無產政黨之反抗。首先反對者爲勞動農民黨，卽聯絡十餘團體作第一次之請願，提出：（一）解散議會，（二）確立耕作權，（三）確立團結權罷工權，（四）保證言論出版集會結社之自由。因受官府之嚴重壓迫，遂不能有充分之發展。勞動農民黨更於一九二七年連續作四次之請願，均無結果。至於日本勞農黨與社會民衆黨，均贊成解散國會，惟未作實際行動耳。

第二，對華之不干涉行動。日本帝國主義者，爲維持其在中國之特權與利益，乃百計千方，以妨害中國革命之成功，並採取積極對華政策，以干涉中國之革命。而無產政黨，則反對干涉。於是日本勞動農民黨，領導廣大工人農民羣衆，以熱烈之精神，從事於反對干涉中國革命之運動。至於其他之無產政黨，則未採取何種實際行動。

第三，府縣會議選舉鬬爭。各黨對於選舉之態度如次：勞動農民黨主張（一）使地方自治體從中央政府專制支配之下解放出來，（二）使民衆在地方自治體中獲得政治之自由，（三）使工人與小農，得在自治體中擴大其利益。日本勞動黨，認定府縣選舉爲階級鬬爭之好戰場。社會民衆黨，主張藉議會以解放無產羣衆。日本農民黨，一方面要求地方分權，一方面主張以農村為中心，建設社會主義。選舉結果，無產候選人當選者二十七名，得票二十五萬六千，以勞動農民黨佔最大多數。一九二九年二月，日本舉行衆議院總選舉，此為日本第一次之全國普通選舉，亦為日本無產政黨第一次參加政權之機會，其結果如次。

黨名	候選人數	當選人數	得票數
勞動農民黨	四〇	二	一九三，五五三
日本勞農黨	一三	一	八六，九九三
社會民衆黨	一七	四	一一四，九六九
日本農民黨	一三	〇	四五，三七三
地方無產黨	七	一	四六，六一七
總計數	八九	八	四八七，五〇五

日本選民，總額近一千萬，國會議員，四百六十六名。今無產各黨，僅能選出議員八名，得票四十八萬餘，則其勢力之微弱，已昭昭然矣。惟據報章可靠之推測，在今年（一九三〇）二月國會選舉中，無產各派，可增加議員六・七名，是則其勢力之向上發展，又可斷言也。

第八章　中國民權運動史

一　民權運動之發端

中國民權運動，在其最初發軔時期，含有極强烈之民族主義，蓋自滿族人關統治中國以後，一方面滿人恃其統治地位，奴視漢人，虐待漢人，朝中重要位置，悉以滿人充任之，而漢人則屬於次要地位，以故形成滿漢間之不平等，引起漢人之憤慨。他方面，漢人中之有民族主義覺悟者，以國家淪亡於異族，莫不認爲奇恥大辱，久存復國之心。其從事於民族運動之最顯著者，有明朝遺老黃黎洲，顧亭林，王船山之復明運動，洪秀全，楊秀淸之排滿運動。至於散在民間及外洋華僑中之三合會，洪門會，天地會，哥老會等之祕密團體，尤爲反對淸朝有力之會社。

他方面，帝國主義在十九世紀之經濟發展，因受工業革命之刺戟，異常蓬勃，必須取得殖民地市場，以爲銷售其商品之尾閭。我國自一八四〇年鴉片戰爭爲英人所敗，遂予帝國主義以侵略中國之機會。一八四二年，南京條約成立，割香港，賠巨款，並開闢廣州，福州，廈門，寧波，上海爲商埠，斯爲中國向帝國主義屈服之始。其後，一八八四年之中美，中法條約，或割地，或賠款，或開放商埠，而中國滿清政府，俯首帖耳，甘受各帝國主義之宰割：堂皇大國，遂沉淪於殖民地之地位矣。同時，中國民衆，對於滿清之喪權辱國，孱弱無能，固表不滿，而對於各帝國主義以異族壓迫中國，尤爲憤慨，故有拳匪「滅洋」之亂。

因此，當時之民族運動，帶有兩重任務：一爲顛覆統治中國之滿族，一爲反抗侵掠中國之外人。然欲求抵制外人之侵入，又非推倒腐弱無能之滿族政府不可，以故當時民族主義之最大目標，仍爲驅逐滿人。甲午（一八九四）之役，清軍又敗，民黨領袖孫文組織興中會於檀香山，志在推倒滿清，以挽回中國之頹勢，其宣言中有曰，「堂堂華國，不齒於列強」，則其憤帝國主義之侵略，亦溢於言表矣。一八九五年，孫氏由檀香山歸國，謀襲廣州，未成。一九〇〇年，値北方拳亂方熾，孫氏又在惠州起事，終以彈藥不繼而失敗。同時史堅如謀炸粵督德壽未死，竟遇害。

自一九〇五年起，孫氏所領導之民族革命運動，始表現民權運動之趨向。是年同盟會成立，發布黨義六條：（一）推翻現今惡劣政府，（二）建立共和政府，（三）維持世界和平，（四）主張土地國有，（五）主張中日兩國國民之聯合，（六）要求世界各國贊成中國革命事業。此時，世界民主主義之潮流日甚一日，如一九〇二年之巴拿馬獨立，一九〇三年之塞爾維亞革命，一九〇五年之俄國革命，皆足爲中國革命之興奮劑。因此，海內加入同盟會者達萬餘人。於是孫氏之革命事業，遂有多數羣衆作基礎。

自同盟會成立後，民權運動，日趨激烈，其手段一以暴動爲主。一九〇六年，革命黨人在萍鄉醴陵發亂；居留日本東京之同志，紛紛回國從軍，被清廷囚殺者甚多。同年，又有吳樾圖炸五大臣之舉。一九〇七年，徐錫麟暗殺皖撫恩銘，秋瑾女士因而殉難。同年，黃興攻入欽廉，因運械計劃被破壞，遂失敗。孫氏更率領同志三百人，襲取鎮南關，與龍濟光陸榮廷連戰七晝夜，遂退入安南。一九〇八年，熊成基率領在安慶之礮隊，爆發革命，雲南河口，亦發生革命暴動。汪精衞於一九一〇年，圖炸攝政王，不成，被獲。復有熊成基謀刺載濤，方佐治謀刺載洵，倪映典攻襲廣州等事實。一九一一年，溫生財炸孚琦，陳敬岳炸李準，李沛炸死廣州將軍鳳山。斯年三月二十九日，趙聲黃興等，襲擊廣州，死難者七十二人，皆各省革命黨人之精英，事後叢葬於黃花崗，即所謂黃花崗七十二烈士是也。

二　清廷立憲之經過

甲午，清廷敗於日本，海軍全殲，精銳盡失。割地賠款之事，相繼迭興，遂引起國人之悲憤；有主張革命者，亦有僅以變法為救濟者。屬於後者之派系，以康有為梁啓超為魁首。其時光緒皇帝，亦頗銳意變法，乃召用有為，並加信任。有為得勢，附者日衆，大為太后所嫉。厥後，有為奏請頒行新政，以格於太后之阻礙，不果。光緒帝更徇有為之請，擢用譚嗣同等勷助新行，益為守舊派之軍機大臣所痛恨。結果，康黨被捕殺，而戊戌百日之新政，遂由此告終。

當時，國人之同情於康黨者頗衆。而掌握政權之守舊派，則愈趨專制，甚至舉措荒謬，令殺外人，以引起八國聯軍入京之奇禍。國人經此大創，益知清廷之無能；復鑒於日俄戰後，俄人立憲運動之熱烈，乃紛紛主張立憲；而同盟會中之革命黨人，則主張改建共和。清廷徇一二大臣之奏請，預備立憲，借以和緩革命空氣，遂於一九〇五年派載澤等五大臣出洋，考察憲政。更命籌定立憲大綱，設政治考察館。一九〇六年載澤等回國，條陳仿行立憲制度。同年七月，宣布預備立憲，以十年爲期。

同時，南方之革命行動，愈加猛晉。清廷乃於一九〇八年頒行各省諮議局章程，及議員選舉法。諮議局之主要職權，在議決本省財政之收支及本省對中央擔任之義務。同年八月，又頒布憲法大綱及議院選舉法要領。憲法大綱內容分爲兩大部分：第一，關於君上大權者，第二，關於臣民權利者，泰半自日本憲法抄來。對於君主之尊嚴與權位，竭力保障。

未幾，德宗（光緒）崩，宣統嗣位。年幼，其父醇親王攝政，以皇族組織內閣，大爲國人所不滿。各省諮議局議員，要求速開國會。益以南方各省革命運動之再接再厲，遂於一九〇九年七月頒布資政院章程，以樹立上下議院之基礎；更命縮短召集國會之年限，改至宣統五年（卽一九一三年）實行成立。

一九一一年八月，武昌革命軍起義，各省響應獨立。清廷急召資政院會議，決定弛黨禁，下罪己詔，以冀收拾已失之人心。是時，灤州統制張紹曾，協統藍天蔚，要求立憲，疏入，政府從其請，卽於九月十三日，宣布憲法十九條，明定責任內閣制，並限制君主之權能。但新憲法公布未久，晉秦滇贛蘇皖閩浙粵黔桂相率響應武漢而獨立。清廷知大勢已去，遂依憲法信條，命資政院舉袁世凱爲總理大臣，操握國家之大權。

三 臨時政府

各省獨立後，感覺有組織臨時政府之必要，遂紛紛選派代表集議於上海，議決以武昌爲臨時軍政府地點。十月十一日，開第一次會議於漢口，議決臨時政府組織大綱二十條。國會採單院制，行政採總統制，不設內閣，每省投票權，以一票爲限，此臨時政府在組織上之概要也。

當時復有江蘇浙江兩省都督及駐滬各省代表，建議遷都於南京，遂於十一月十日開臨時總統選舉會，到會者有十七省之代表，舉出孫文爲臨時大總統，更選黎元洪爲副總統。而立法機關（參議院）亦組織成立。未幾，和議告成，清帝遜位，並通過優待皇室條件八款。而宗社黨良弼等，反對變更國體，並疑忌袁世凱不忠於帝室。結局，良弼被黨人炸死，親貴膽落，紛紛離京，而議和條件，遂能實現。

清帝旣退位，臨時大總統孫文，卽於一九一二年二月十三日，提出辭職書，並舉袁世凱以自代。二月十五日，參議院選舉袁氏爲臨時大總統，首都亦移至北京。三月十一日，更由臨時大總統公布臨時約法，頗似法國之內閣制，其第二章規定人民之自由與權利。

新政府成立於北京後，袁氏特其梟雄之資，不遵法律手續，擅撤封疆大員，已爲民黨所不滿。乃更於一九一三年刺殺民黨領袖宋教仁，民黨益譁。適袁氏向英俄日德法五國銀行團借款二千五百萬金鎊，不經國會之通過，竟獨斷行之；並罷免江西安徽廣東各省都督，國民黨益憤。七月十二日，李烈鈞舉兵於湖口，宣布討袁，蘇皖閩粵湘，先後響應。袁氏亦宣言李等不待國會督責政府，妄行反叛，違抗約法，乃派兵南下，實行壓迫。結果，不及兩月，民黨完全失敗，黨員被戮者人數甚多，遂形成袁氏之專制時代。

四　反動勢力之全盛時代

一九一三年新國會成立，國民黨在兩院之勢力，均佔優勝。袁氏覬覦正式總統之計劃，頗費周折，最後，嗾使自號公民者千百人包圍國會，始得當選。袁氏就職後，恣意修改臨時約法，擴大總統之行政權與立法權，以防止國會之干涉。國會方面則堅持反對。同時，天壇憲法草案大旨粗定，對袁氏意旨，毫未容納。袁氏遂通電各省宣布草案減削總統威信之種種危險；各省長官仰承意旨，電請解散國民黨，因國民黨爲該草案之著作者故也。袁氏於一九一三年十一月，解散國民黨，撤銷國民黨國會議員。於是參議院衆議院均以不足法定人數不能開會，旋被袁氏解散。各省省議會亦同時被解散。蓋慮其同情於國會，批評中央，鼓動革命運動故也。

國會既被解散，袁氏乃召集一御用機關之政治會議，由各省軍民長官代表，國務總理代表，各部總長代表及總統代表組合而成。厥後政治會議又改爲參政院，仍爲御用機關，而國家一切大權，均握於袁氏一人之手，形成事實上之君主獨裁。袁氏猶以爲未足，必欲稱帝而後快，於是一般官僚政客迎合袁氏意旨，盛倡君主立憲之論。時美人古德諾 (Frank Goodnow) 充公府憲法顧問，亦贊成之。楊度等設籌安會，以爲帝制運動之總機關。袁黨更假託民意，要求改變國體。一九一五年，袁氏召集御用國民代表大會，以投票方式解決國體問題，結果一致贊成君憲。斯爲袁氏反動勢力最盛時代。

五　護國護法運動

一九一五年十二月二十五日，雲南唐繼堯宣布獨立，聲言擁護共和，實行代議制度，並組織護國軍，實行討袁。各省先後響應者，有貴州廣西等省，聲勢頗爲浩大。一九一六年三月二十二日，袁氏知衆怒難犯，遂下令取消帝制，恢復共和。但西南各軍仍向前推進，無何，粤湘浙川陝，繼起討袁。滇黔桂粤各護國軍領袖，組織軍務院於肇慶，以資聯絡策應。未幾，袁氏以病歿，討袁之役，於以告終。

袁氏既死，黎元洪繼任爲大總統，恢復民國元年之臨時約法，召集被袁世凱解散之舊國會。國會集會後，對於袁黨武人，多所彈劾，遂引起各省督軍之仇視。黎元洪柔弱無能，竟受武人之强迫，解散國會。於是舊國會第二度被解散。此一九一七年六月十二日事也。

舊國會被黎元洪解散後，民黨議員集議於上海，圖謀恢復。及張勳復辟之亂既平，馮國璋段祺瑞，掌理國政，拒絕召集舊國會。民黨首領孫文，以北京政府承認黎氏非法解散國會之行爲，實際上等於破壞約法。乃倡言護法，率領旅滬議員等南下廣州。但國會議員之隨孫氏而去者，僅百餘人，不足法定人數，遂改開非常會議，選舉孫文爲大元帥，是爲護法政府。同時北京政府，亦召集新國會，與廣州之舊國會遙遙對峙。此後之中國政治，純爲武人與武人爭權奪利之活動，民權運動不與焉。茲從略。

六　一九二三年以後之革命經過

一九一一年之革命，爲中等階級中之自由主義者反對封建勢力之鬬爭，結果，封建勢力，不但未被剷除，而且與革命黨人調和之後，反取得進一步之保障。久而久之，革命份子，反被排除或屠殺，而革命運動，遂從此消沉矣。一九二三年以後，革命形勢，確爲一變。是年孫氏在廣州樹立革命政府，興師北伐，惟因叛將陳炯明佔據東江，時時受其牽制，不克有若何進展。遂以全力整理黨務，期其健全，並決議聯俄，以壯聲勢。孫文在返廣州之前，卽與蘇俄大使越飛（A. Joffe）在上海商議國民黨與共產黨合作計劃，並聘請俄人鮑羅廷（M. Borodin）爲顧問，着手於國民黨之改造。於是統一全黨黨綱，統一全黨組織，實行嚴厲黨之訓練等方案，次第實行。一九二四年一月，召集國民黨第一次全國代表大會，容納共產黨人，以擴大黨勢。代表大會更發表一宣言，縷述中國政治經濟受帝國主義壓迫之真象，認定祇有國民革命，實行三民主義爲唯一生路。孫氏更組織黨軍，授以政治與軍事訓練，使爲黨國奮鬭。於是中國革命運動，始表現蓬勃向上之現象。（參看光華大學教授陳茹玄著之中國憲法及政治史一八七——一八八頁）。

孫氏歿後，國民黨中央執行委員會於一九二五年七月，取消代理大元帥，設立國民政府於廣州，採用合議制，以汪兆銘胡漢民等十六人爲委員，主持政務，並推汪爲主席。自中央政府以至省政府或市政府，均採取合議制。一九二六年一月，更召集國民黨第二次全國代表大會於廣州，議決實行孫文遺囑，誠意聯俄，及聯絡被壓迫民族。

一九二六年六月六日，國民政府軍事委員會，任命蔣中正爲國民革命軍總司令，帥師北伐，七月十六日，克復長沙。九月佔領漢陽，南昌，由是兩湖與江西，盡入黨軍之手。一九二七年春，黨軍入南京，於是長江以南悉在國民黨範圍內矣。一九二七年三月，武漢領袖，召集第三次中央執行委員會，開除蔣中正黨籍，十八日蔣氏即在南京組織國民政府，宣言驅逐共產份子，取締跨黨份子，力行清黨運動。漢寧兩方，由此分裂。

南京政府成立後，即懲辦共產黨領袖，表示與西山會議派合作。同時，武漢民黨亦與共產黨分裂，實行清共，結果漢寧合作，合組一中國國民黨中央特別委員會，由漢寧滬（即西山會議派）三方委員組織而成。而蔣中正亦自動宣布下野。但武漢政治分會與廣東政治分會，均公開反對特別委員會。十二月二十二日，南京舉行討伐唐生智勝利慶祝大會，學生有反對中央特別委員會之表示，被政府軍警開鎗射擊，死傷多人，激動各方公憤，至是反對特別委員會者愈衆。十二月三日，在上海召集之中央執監全體會議預備會，將特別委員會取消，並請蔣中正復任國民革命軍總司令，繼續北伐。

一九二八年春，南京國民政府，大舉北伐，以蔣中正為第一集團軍總司令，馮玉祥為第二集團軍總司令，閻錫山為第三集團軍總司令，李宗仁為第四集團軍總司令，分途向北京進攻。五月三日濟南慘案發生，張作霖遂聲言息內戰以對外，而退出關。北伐完成後，南京政府即宣布軍政時期業已終了，訓政時期由此開始。一九二九年，國民政府更決議規定訓政時期爲六年。但由去年至今，（一九三〇年）軍事頻仍，迄未休止，事實上已返入軍政時期矣；何時進於憲政時代，尚不敢下一斷言。

從前中國革命，以上層階級份子爲動力，但自國民黨改組以來，下層階級，如工人農民，乃熱烈參加，尤以一九二六年後爲最甚。一九二五年，香港（廣州）工人三十萬，爲援助沙基慘案舉行大罷工，維持十五月之久，致使繁華之香港，一變而爲荒涼之島。一九二七年三月，武漢民衆爲慶祝北伐勝利事與英兵衝突，英兵雖兇悍，竟爲民衆勢力所壓服。英政府亦迫不得已將漢口英租界退還。同時，九江英租界亦起事變：九江碼頭工人，與英兵衝突，受傷者兩人，民衆異常憤怒，英艦鳴礮示威無效，英領及其他官吏均匿居船上。結果，英政府亦將九江英界交還。是則下層民衆之援助革命，其力量之偉大，於此可見矣。一九二六至一九二七年之革命，確有廣大羣衆之參加，而成爲羣衆行動，此所以異於以前之單純軍事革命也。

敬啟

「民國專題史」叢書，乃民國時期出版的著名學者、專家在某一專題領域的學術成果。所收圖書絕大部分著作權已進入公有領域，但仍有極少圖書著作權還在保護期内，需按相關要求支付著作權人或繼承人報酬。因未能全部聯系到相關著作權人，請見到此説明者及時與河南人民出版社聯系。

聯系人 楊光
聯系電話 0371-65788063
2016年3月28日